古代歷史文化研究輯刊

初 編

王 明 蓀 主編

第1冊

《初 編》總 目

編 輯 部 編

巫及其與先秦文化之關係

李 添 瑞 著

國家圖書館出版品預行編目資料

巫及其與先秦文化之關係／李添瑞 著 — 初版 — 台北縣永和
市：花木蘭文化出版社，2009〔民 98〕

目 4+150 面；19×26 公分
（古代歷史文化研究輯刊 初編：第 1 冊）

ISBN：978-986-6449-49-9（精裝）

1. 巫術　2. 先秦史

295　　　　　　　　　　　　　　　　　　98002248

ISBN - 978-986-6449-49-9

9 789866 449499

古代歷史文化研究輯刊
初　編　第　一　冊　　　　　ISBN：978-986-6449-49-9

巫及其與先秦文化之關係

作　　　者　李添瑞
主　　　編　王明蓀
總 編 輯　杜潔祥
出　　　版　花木蘭文化出版社
發 行 所　花木蘭文化出版社
發 行 人　高小娟
聯絡地址　台北縣永和市中正路五九五號七樓之三
　　　　　電話：02-2923-1455／傳眞：02-2923-1452
網　　　址　http://www.huamulan.tw 信箱 sut81518@ms59.hinet.net
印　　　刷　普羅文化出版廣告事業
初　　　版　2009 年 3 月
定　　　價　初編 20 冊（精裝）新台幣 31,000 元

《初 編》總 目

編輯部 編

《古代歷史文化研究輯刊》 總序
——銅山西崩、洛鐘東響

王 明 蓀

　　近代以來中國歷史的研究有其新的發展。約自晚清百餘年來政治社會的變動，時代環境之遭遞，影響及思想學術的演變；歷史的研究、史學的發展也不能外於這演變之中。稍早，顧頡剛以為除去考據補證的傳統外，在金石器物、邊疆史地、今文經學、外國史地等方面的學術興起，都影響到歷史研究的新方向。而後，考古學、中外交通史、新史料的發現，俗文學及社會史的研究，更開展了歷史學的新發展。這種新方向、新發展是受到時代變遷與西學傳入而逐漸形成的。因時代變遷，轉而注意到與時勢需要、時局相關的課題，這也本是經世致用的傳統態度。因西學的傳入，帶來新的史學方法與史觀，加上歐美、日本對中國研究的學術刺激，以及成果的參考，乃至於五四新文化運動的推波助瀾，使傳統歷史學的研究、討論，因而注入大量新血，於是有近代史學新面貌的開展。「銅山西崩，洛鐘東響」，當可以說明新史學與傳統史學在近代以來的關係。

　　在十九世紀的最後幾年裡，梁啓超、嚴復、譚嗣同、徐仁鑄、羅振玉、劉師培、陳黻宸等人都不約而同地展開對傳統舊史的批評；而提倡社會大眾的民史之餘，同時也致力於鼓吹新的治史、著史的方法及觀念。不論王國維以歷史學為一科學的提法，或章太炎以史學為但問求真、不問致用；都說明那些年代裡對傳統史學的焦慮以及急欲求得新史學的出現。以高唱史學革命的梁啓超為例，他博學才高，與同時許多學者都引介了不少西方學術，而他頗受日本浮田和民的影響，提出新史學的理論及方法。但他的思想時在進取與保守間有著矛盾，又帶有相當的政治色彩，這些在那一代學者的身上多少都可以發現；似乎急於尋求一帖萬靈丹，將時局國勢能畢其功於一役。在學術上因之也不免出現類似的影子，以致於使晚清思想界部份地方看來粗率淺

薄，而努力引介的西學，也多非其本來面目，至於籠統而欠該詳，這應是那一時代的局限。新史學的高唱，畢竟造成不小的破壞力，然則對史學的建設卻並不多。

新史學運動不論在爲文唱導或著作新史書、翻譯國外史學來看，不容諱言地對歷史教學及反省傳統史學產生相當的影響。現代大學的歷史研究專業，學術刊物發行都應運而起，而學術討論的風氣也能持續不斷；如古史辯論、社會史論戰等都是著名的例子。筆者以爲西學的傳入對於近代史學的發展有著主導的作用，而至今仍在持續之中。西方史學傳入的百年來，不止是個歷史的過程，也應當注意到中國史學的反應與回響，相關的論著如杜維運、陳啓能、張廣智、于沛、瞿林東、羅志田、林甘泉、李長林、俞旦初、李孝遷等人都有所論述，此處且不多言。筆者在此僅提出幾點值得注意的地方：

其一，是西學東漸的歷史發展中，初期並未有什麼文史之學，自十九世紀晚期突然廣受有識之士的熱切關懷，應是受到時局的影響。洋務運動的西學暫且不談，而後持續傳入的是政治、社會、經濟等社會科學，屬於人文學的是哲學較受重視，文史之學恐怕是稍後才受到注意，而且其中是以對外國歷史的興趣爲主，尚談不到多少史學。換言之，西學傳入是由科技而社會科學、哲學思想，文史之學是較後受到關注的。

其二，史學方面有幾個較早的例子可作參考，一是道光十五年（1835）《東西洋考每月統紀傳》中，刊載出希臘羅馬時代史家五人，他們是希羅多德、修昔底里、色諾芬、李維、塔西陀。二是光緒五年（1879）郭嵩燾於《倫敦巴黎日記》中，言及希羅多德的古亞述帝國歷史。三是英國傳教士艾約瑟於光緒六年的《萬國公報》中，介紹希羅多德及其《歷史》書，他又有《西學述略》，介紹西方古典史家。其後，嚴復、許守徵都曾介紹希臘、羅馬史家。這些都是簡略地引介古代西方的史家。

其三，西學傳入的歷史性書籍或西方歷史知識較多，但大多是在於歷史知識的吸收，以歷史的興亡作爲史鑑的目的，尚不及於史學。

其四，梁啓超引進的史學，前期以由日本轉介爲主，後期遊歐後則以歐洲史家爲主。他的後期引進西方史學與五四運動時期約略在同一時段，此後引進或翻譯西方史學漸盛，如胡適、何炳松、傅斯年、姚從吾、賀麟、李大釗、林同濟、雷海宗等人。

其五，西方史學傳入之中，漸產生以理論或學派爲基礎的史學方法或史

觀，如進化論、實驗主義、歷史語言學、馬克思主義等等，也就是社會科學、哲學等進入了史學的研究。

從上面簡略的說明，約略可以看出近代史學受到西學的影響以及發展的趨勢。大體來說西學的傳入對中國史學的影響有幾個方面：一是研究的課題與範圍，二是史料的性質與範圍，三是歷史論述編纂方法，四是歷史研究法，五是歷史思想與理論。然而筆者無意說中國傳統史學在這些方面似無用武之地，相反地，傳統史學在這些方面都有其獨到之處，且有豐厚的底蘊，但是需要研讀與發掘，此處暫不多說。

錢賓四先生早在 1939 年《國史大綱》緒論中指出民國以來史學研究的傳統、革新、科學三派，並對之有所評論，提出寫新通史的主張，要在於文化演進的真相，由舊史中映照複雜難以解決之問題，以為歷史的事態在於政治制度、學術思想、社會經濟三者；治史的方向是求異同來看歷史的變動，由客觀中求實證。同時用了不少篇幅論述中國歷史發展的趨勢與演變，而又以治中國史的要務在於由國家民族內部自身，求取獨特精神的所在。賓四師所說的歷史三事態，都是後來歷史研究的三大領域，其他的觀點也都是由高處的考察及其獨到的思考而來。至於史學研究三派的說法，流衍甚久，迄今論及近代史學者都多少仍要言及。如四十年後余英時先生在《史學評論》發刊詞中所作的反省與展望，除評論史料、史觀派之外，他提出史學方法在於不斷吸收其他有關學科之方法，但並無捷徑可走；要靠努力訓練自己形成切己之法。對於史學工作的方向及意義亦如同賓四師之大意，以疏通歷史、文化意義為要。他又指出西方史學不全歸功於新方法、新觀念，而在於基本功力的長期累積；史學作品不在於論題或性質偏於綜合、分析等，而在於學術的品質。以錢、余二先生為例，約略可以看出現代歷史的研究已有深沈的檢討反思為基礎，又有對前途發展的憧憬及期許。

台灣歷史的研究及史學的發展，既承襲了 1949 年以前的史學發展之緒，又漸有開新之局，詳略不同的論述已有多種相關論文可供參考，較近的專著如彭明輝《台灣史學的中國纏結》，論五四時期的史學方法到台灣歷史研究機構、博碩士論文分析、歷史教育、教科書等。由於歷史研究的主要專業在於大學的研究所，而其成果顯現以學位論文較為具體，對台灣現代史學的發展頗具參考的指標性。他以歷史研究所成立較早的五所大學為範例，指出研究的大範圍以中國史佔的 73%為最多，台灣史佔的 15.9%居次，外國史佔的

11.1%居後。而專史的分類上，依序為政治軍事史（20.4%）、社會史（19.8%）、思想文化史（18.5%）、經濟史（11.9%）。若由明清以來到近現代史這一大段的研究而言，則佔了中國史研究近一半的比例。台灣史的研究在近十餘年來漸成為顯學，社會史研究也漸超過了政治軍事史的研究。另外，王晴佳的《台灣史學五十年》，是以台灣史學的傳承、方法與趨向為主的台灣史學發展史，他由史料學派的影響，到科學史學、民族認同為主軸的論述，又特別注意文學及社會學者的議題對史學的影響，書中專論的《思與言》、《食貨》、《新史學》等刊物，是可以作為台灣史學發展的重要刊物，雖然論述所及在對象與取材方面似稍有所偏集，但大體上已對台灣史學反應到現代的情形有所了解，此處就暫不多言。

從百年前傳統史學的承續及西學的傳入，其間的因革損益既複雜多端，又爭論未止，決非一篇短文所能窺全。西學為新知，舊學未必為陳腐，但陳寅恪說不中不西、不新不舊之學確有其可玩味之處。若要推陳出新，先得辨別何者為陳？哪些是新？是形成新瓶裝舊酒？或是轉為舊瓶裝新酒？甚或是瓶酒皆新？新舊的取捨及搏成不但是過去史學界努力的目標，也應是未來歷史研究精進向前的選項。以歷史研究的博、碩士論文而言，在其專業的領域裡，有一定的代表性，反映出重要的研究成果；良否或人言言殊，但品質應有相當水準。我們取此原則，發印出版，一則使學術能廣為流通至於海內外，一則亦顯示台灣學術研究的「業績」與價值。再者，各論文雖以歷史文化研究為範圍，但仍包羅甚廣；以舊學蓬密、新知深沈為期許，毋寧也是值得參考之作品。

2009 年於中國文化大學史學系

《古代歷史文化研究輯刊》初編　書目

明代歷史文化研究

歷代史學研究

《古代歷史文化研究輯刊》初編
各書作者簡介‧提要‧目錄

第 一 冊　巫及其與先秦文化之關係

作者簡介

李添瑞，家世：1955 年生，台灣雲林人，自幼在純樸鄉村長大，先祖先父均務農，有幾分土地，有時須協助農事，自然養成踏實習性與較佳耐力。

學歷：嘉義師專語文組、逢甲大學財稅系、政治大學中文所碩士班。

考試：1982 年高考人事行政及格。

經歷：台中市西屯、健行國小教師，銓敘部科、專員，國立雲林科技大學人事室主任、漢學所專任教師。

學術：面對浩瀚古今典籍，深愧所讀所知甚少，因多分心於公、校務，熟稔於公文，較少有充裕時間潛心於學術研究，且鄉下圖書資訊有限，復以生性疏懶，故僅有數篇文藝評介或散文發表於校內刊物，另有自印本「學術論文集」（收小論文五篇）乙冊。今已退休，當較有暇彌補上述愧憾。

提　要

古巫在中國先秦社會與文化中具有重要的地位，本書乃透過對古巫作系統性的考察，以了解古巫的特質及其對先秦文化的貢獻。

本書以文獻資料分析為主，配合部分田野調查。所使用文獻資料主要為經書、子書，並及部分偽書與神話傳說資料；另亦參考近人及國外漢學家的相關論著，以了解其研究方法。故本論文參用多種理論與方法，除從歷史的

觀點（宏觀）說明先秦巫者的基本觀念及其在先秦歷史中的演變外，又以功能分析方法（微觀）分類說明先秦巫者的各項職能及其貢獻；而爲了彰顯中國巫的特質，也使用比較研究法，以古巫與今日大陸邊區民族的薩滿及台灣的乩童略作比較，並使用外國人類學家研究各地區的巫所得結果加以比較研究。

　　本書共分六章，首章「導言」，說明研究動機、目的、範圍、方法、資料來源、前人研究成果及研究內容等。第二章「先秦時代巫之基本觀念」，說明巫之字義、巫者產生方式、條件及其形象與特質等。第三章「先秦時代巫之流變及其主要活動範圍」，說明古巫之源起及其在先秦時代的發展暨分化情形，並扼要述其活動範圍。第四章「先秦時代巫之職能」，凡有祭祀、祈雨、卜筮、醫病、解夢及除災邪等。第五章「巫與先秦文化之關係」，說明巫的地位及其與宗教、科學、藝術、學術思想等的關係。第六章「結論」，綜結各章所論，確定巫在先秦社會與文化中的重要性及其影響。

　　從本書的研究結果，可知先秦巫者職能極多，在先秦社會上扮演一重要的角色，故能創造及傳承古文化。其貢獻甚大，影響亦極深遠，在中國古文化中確實佔有極其重要的地位。

目　次

第 二 冊　西周禮治文化探論

作者簡介

王瑞傑，國立臺灣大學歷史系、國立臺灣師範大學歷史研究所碩士班及

博士班畢業，現於國立中央大學等幾所公私立大學擔任兼任助理教授，講授中國上古史等相關課程。專長中國上古史、禮制史、思想史及史學史等方面，在臺灣及韓國等地學術期刊發表過〈周官源流歷代考辨述要〉等多篇論文，並在博士班研讀期間獲得臺灣師範大學劉眞獎學金殊榮。在歷史教育方面，曾參與教育部歷史文化學習網及高三歷史教科書編寫。

提　要

　　本論文嘗試以綜觀的視野對西周時期的禮治文化作一鳥瞰式的認識，並尋繹出西周禮治文化在中國歷史發展上所具有的時代性意義，儘管當代對於中國古代的「禮」有不少的論述，但能在時間上聚焦在西周時期，並對於當時禮治文化所形成的背景、核心價值、作用、性質等幾個面向作一番綜觀性的考察則仍未見，而這也正是本論文精神之所在。拜現今豐碩的研究成果之賜，本論文在前人研究的基礎上，透過各種紙上及地下材料的爬梳以及參考考古學及人類學等相關學科的知識理論才得以完成，希望對於西周時期的禮樂文明能有更爲透徹的認識。

　　從第二章「西周禮治文化的形成」、第三章「西周禮治文化的核心價值」、第四章「西周禮治文化的作用」及第五章「西周禮治文化下的國家形態與社會性質」等各章的論述來綜觀西周時期的禮治文化，可知周人的「禮治」對於當時以及後世中國政治與社會的影響是深遠的，西周禮治文化所蘊含以等級尊卑的倫理價值所建立起來的一種具有自律性的道德標準，不僅滲透於中國古代的政治與社會之中，而且也成了中華文化的重要內涵之一。因此，以「禮治」爲治國之基的西周時期實是中國社會道德文明的啓蒙時期。

目　次

第 三 冊　反秦集團滅秦與分裂戰爭成敗之研究

作者簡介

詹士模，臺灣省嘉義縣人，1953 年生，臺灣大學歷史系畢業，臺灣大學歷史研究所碩士，中正大學歷史研究所博士，曾任成功大學歷史系兼任講師、助理教授，嘉義農專共同科講師、副教授，嘉義技術學院共同科副教授，現任嘉義大學史地系副教授。著作有：《清宣統朝的政治領導階層》、《漢初的黃老思想》、《反秦集團滅秦與分裂戰爭成敗之研究》及《秦楚漢之際軍事史研究》等書。

提　要

秦楚漢之際（西元前 209 年至西元前 202 年）的歷史主流是反秦集團，反秦集團推翻秦朝，反秦集團的分裂，造成楚漢戰爭，楚漢戰爭的勝負決定漢朝的建立。反秦的歷史背景是：戰國時代各國已有國家意識，秦對東方六國的兼併戰爭與統治，造成東方六國的復國意識與反秦。

秦末陳勝集團首先反秦，陳勝集團失敗的原因，有陳勝的弱點，戰略失策及集團內部分裂。陳勝失敗後，項梁、項羽與劉邦的楚地反秦勢力最大。項梁立楚懷王之孫熊心爲楚王，成爲楚地反秦軍的名義領袖。項梁戰死後，熊心接管反秦軍，他與諸將擬定「北救趙與西入關」的戰略，派宋義、項羽等北上救趙國，劉邦率軍西入關滅秦。劉邦集團滅秦成功的原因有三：一、項羽在鉅鹿之戰殲滅秦軍主力；二、謀士蕭何、酈食其、張良的輔佐成功；三、劉邦的避實擊虛策略成功。

熊心集團在滅秦後的分裂，原因是項羽分封不當，劉邦與項羽爲了爭奪

領導權，展開了五年的楚漢戰爭。項羽集團失敗的原因，項羽性格上的弱點是，不易信人，使人才紛紛離開他；殘暴使他喪失民心。政略上的失策是：定都彭城與分封諸侯，使他深受其害。戰略上的失策是：封鎖劉邦與先齊後漢戰略失當，終因缺糧而敗。劉邦集團成功的原因，性格上的原因是，劉邦寬大得民心；知人善任，人才樂爲所用。政略成功之原因：取得關中爲策源地，建王困敵政策，爲義帝發喪。戰略成功之因素：鞏固豫西防線，從西、北、南三面包圍戰略，垓下會戰，圍殲項羽，並用騎兵襲擊項羽後方，項羽集團最後陷於兵疲糧絕之窘境。另外，善於製造輿論並瞭解群眾心裡，也是劉邦成功的因素之一。

目 次

第 四 冊 情感與制度：魏晉時代的母子關係

作者簡介

鄭雅如，臺灣大學歷史學系博士候選人，現任職於中央研究院歷史語言研究所。研究領域為中國中古社會文化史。

提　要

本書從喪服禮制、文化理念、家庭結構等面向具體考察魏晉時期的母子關係。

魏晉以降儒家家庭理念正逐步與禮律結合，規範母子關係與建構父系家庭息息相關。依據禮制，「父至尊」的觀念深深影響母子倫理，然而「母至親」的訴求在現實中亦激起強烈迴響；母子情感與父系制度之間有著微妙複雜的交會與對抗。

魏晉時期孝子為母服喪的變革凸顯「母以子貴」、「母子至親」對父系原則帶來的衝擊；在一妻多妾家庭中，不同的母子名分在互動經驗上存在明顯的差異，人心情感無法如禮制規範的齊一；親生母子於家內、社會的處境亦往往榮辱與共，形成以母親為核心的情感認同。母職猶如一把雙刃之劍，既是父系家庭延續的保證，也改變女性自身的處境，甚至回頭挑戰父系制度對母職的控制。

然而母子名分的成立與人倫理想既受父系制度主宰，母職對於父系制度的挑戰，往往只能是架構內的局部修正。東晉于氏爭取重新界定母子關係的失敗，凸顯了超逸出父系制度的女性經驗，父權社會往往「無心」也沒有「能力」理解。

目 次

第五、六冊　開建五等——西晉五等爵制成立的歷史考察

作者簡介

　　王安泰，台灣省台北市人，1978 年生。政治大學歷史碩士，現爲臺灣大學歷史學系博士候選人。研究領域爲中國中古政治制度史、魏晉南北朝史。碩士階段以魏晉時期的五等爵爲重心，除了分析五等爵制流變，也著力觀察皇權與士族處理爵制問題的態度，嘗試釐清漢晉之際政治面貌。近期關注議題爲傳統中國以分封授爵爲核心的封建制度運作，希望從爵制角度切入，探討封建與政治秩序的關係。

提　要

　　爵制是中國古代官僚制度當中不可或缺的一環。兩漢時期的封爵主體爲王、列侯與關內侯，其後儒家思想日趨興盛，許多士人學者倡議「恢復」西周封建制度，而公侯伯子男五等爵作爲儒家經典所載西周封建的基礎之一，因此復五等爵便成爲漢魏時期士人努力追求的目標。至曹魏咸熙元（264）年，以司馬氏爲中心的士族勢力最終「恢復」了五等爵，並於隔年建立西晉王朝。此後，五等爵制度實行了一千餘年，直至清朝滅亡。

　　本文即以咸熙元年「開建五等」爲開端，探討漢晉時期政治結構與秩序的變遷。除了探討漢晉間封爵制度變化，並由地理分佈、開國制度與食邑規範等方面，分析西晉時期五等爵制的實際運作。此外，亦透過輿服、禮制、法制等角度，觀察五等爵與儒家經典所記載的西周制度、漢魏故事以及當世現狀之間的關連。最後重新梳理漢晉爵制發展歷程，並由士族與皇權的角度，試圖剖析五等爵於政治結構中的意義，釐清五等爵的政治定位。

目　次

第 七 冊　西晉末年至東晉時期的「分陝」政治──分權化現象下的朝廷與州鎮

作者簡介

趙立新（Li-hsin Chao），臺灣大學歷史學系博士候選人（Ph.D. Candidate, National Taiwan University）。歷任臺灣大學、東吳大學歷史系兼任講師，《新史學》助理編輯，東京大學東洋文化研究所外國人研究員，北京大學中古史中心訪問學人，現為中央研究院歷史語言研究所人文社科博士培育計劃訪問學員。研究領域為中國中古的政治社會與文化，特別是士族研究，近年關注古代東亞史與中古的訊息傳播和文本流通。著有〈隋唐之際的蕭銑江陵政權〉、〈梁代的聚書風尚──以梁元帝為中心的考察〉等。

提　要

本書主要藉由「分陝」故實的產生到詮釋，探究中古政治文化與政治社會變動的關係，就政治中心與集體政治勢力的相互作用與過程，進行了動態和結構性的考察。「分陝」原為經典詮釋下描述周公、召公分治天下的政治理想，隨著漢末以來的顯著地方分權化、士族政治的勃興、都督制的建立，封建觀與

經典詮釋對現實與理念的調和，構成了中古所謂的「分陝」政治，其基本意涵為政治權威的分化與政治中心的分立，具體用以描述中古州鎮與朝廷的對立，亦即兩個政治中心的並峙。此種政治現象實由對立的集體政治力量支持，也就是以政治集團作為基礎。西晉時期形成「分陝」局面，受到以宗室諸王為中心的政治集團的支持。隨著宗室政治的消亡，東晉在南北分立的格局下，同時形成上游州鎮與下游朝廷兩個政治中心，作為支持的政治集團也由宗室轉變為士族。隨著南北局勢緊張而逐漸擴大與強化的都督與州鎮，成為士族分張家族勢力與朝廷分立對峙的資源，形成東晉以後「分陝」政治的基本內涵。在士族政治漸趨衰弱、皇權復興的南朝，士族分張族人盤據中上游州鎮的情形遭到抑止，「分陝」的意涵逐漸化約為政治中心的分立與上下游之爭，反映中古政治文化與政治社會變動的密切關係。

目　次

第 八 冊　東晉南北朝世族家庭教育研究

作者簡介

　　方碧玉，生於花蓮。研究斷限爲魏晉南北朝時代，興趣偏於社會文化主題。以〈魏晉人物品評風尚探究——《世說新語》爲例〉取得碩士學位，再以〈東晉南北朝世族家庭教育研究〉取得博士學位。目前任職於花蓮大漢技術學院通識教育中心。

提　要

　　魏晉南北朝，以九品中正爲選官制度。選舉依門第而論，重視家世背景，能爲官者，多爲世家大族。世族爲維繫門第勢力不墜，除由婚、宦外，最佳方法爲有傳襲不絕的佳子弟。因此，世族欲有佳子弟，則須重視家庭教育。然在父權社會下，教育子弟之責，主要由男性家長擔負，但婦女在教育子弟亦扮演重要角色。

六朝世族門第中人，為提高家族聲譽，常出現褒揚子弟之現象。而稱揚子弟的內容，多著重於子弟足興門戶，為門戶所寄之言，及子弟的優秀有如千里駒，為家中之寶。從知名子弟之眾，可知世族培養子弟不餘遺力。此外，世族子弟甚多於幼年時，便已顯名於世，此情形若非經苦心栽培，實難達成。

世族教育子弟，常透過家訓、機會勸諫，及遺命之言等方面進行之。而世族家庭教育內容，也大抵可分為家學與門風二大類。世族家學的形成，深受社會風尚所影響，而這些風氣都關涉到世族家學的內涵。

門風教育亦為世族家庭教育的重點。有關世族門風，一般世人認為各世族門風應有所差異性，其實反之。總體而言，就儒雅門風與雄武門風觀之，五大世族的門風，以雄武居多，尤以北朝世族更為熾盛，此足以反應出該時代的背景。另忠、孝觀念，自古即被視為倫理道德的核心，忠、孝更常並稱。但自晉以後，政治社會現實環境使忠孝不能兩全，須有所抉擇時，東晉南北朝世族，為保其門第勢力，常選擇親先於君，孝先於忠，故特別倡導「孝」的門風。

目　次

第 九 冊　大唐世界與「皇帝‧天可汗」之研究

作者簡介

　　朱振宏，1974 年出生於台北，國立中正大學歷史學博士，現爲國立中正大學歷史系助理教授兼《中國中古史研究》執行主編。主要從事隋唐史、北亞遊牧民族史、中國史學史等研究與教學，著作有《大唐世界與「皇帝‧天可汗」之研究》（碩士論文）、《隋唐與東突厥互動關係之研究（581-630）》（博士論文）以及學術論文二十餘篇。

提　要

　　唐代國勢強盛，文化光被四表。唐太宗被外族尊爲「天可汗」，更是令史家稱羨之事。本文旨在探討大唐帝國的天下秩序觀、唐朝的民族政策、「皇帝‧天可汗」的內涵、性質與運作情形，以及唐朝涉外管理機構及其職能。透過這些議題，瞭解「皇帝‧天可汗」的意義和特殊性，從而闡發唐朝兼容並蓄、海納百川的立國精神。

目　次

第 十 冊　安史之亂與肅代二朝新政權結構的開展

作者簡介

　　林偉洲，中國文化大學史學研究所博士（1999）。現任大葉大學工業設計學系專任助理教授。曾任國家圖書館特藏組古籍整編小組約聘、文化大學史學

系兼任講師、大葉大學通識教育中心專任助理教授。著有〈唐河北道藩鎮的設置、叛亂與轉型——以安史之亂爲中心〉、〈天下兵馬元帥與中唐帝位繼承〉等論文多篇。

提　要

　　安史之亂被近代史家視爲是唐代政治史的分界點。假設我們同意此說，則應將中晚唐的政權結構，視爲有別於唐前期的一個新的類型。至新政權結構的形成，不應是唐前期三省體制的瓦解，而是爲了平定叛亂，權力結構重組後所形成的新類型。本論文以安史亂後唐中央最高決策的形成及於平亂時軍政經的執行，所形成的工具效應型態的政權結構爲討論。

目　次

第十一冊　唐五代兩浙地區經濟發展之研究

作者簡介

　　朱祖德，台北市人，中國文化大學史學研究所博士。現爲環球技術學院通識教育中心專任助理教授，並任淡江大學歷史學系及中原大學通識教育中心兼任助理教授。主要學術專長爲隋唐史、三國史、中古經濟史、中西交通史及區域研究等領域。目前已在學術性期刊上，發表有關中古經濟史、城市經濟研究及中西交通史等方面學術性論文十餘篇，另通識教育方面論文三篇。

提　要

　　第一章「緒論」：敘述本文的撰寫動機及對象，並界定研究範圍及闡述所採用的研究方法，對以往的研究成果亦加以說明及介紹。

　　第二章「兩浙地區經濟環境」：說明兩浙地區的地理環境及經濟條件、六朝時期的經濟開發及唐代人口的分佈及其變化。

　　第三章「兩浙地區的經濟發展」：詳述兩浙地區的農業發展、手工業的進步及交通運輸條件，並對商業的佈局及草市、鎮的興起和發展進行論述。

　　第四章「兩浙城市經濟的發展」：首述六朝時期兩浙地區的經濟發展，其次詳述唐五代時期兩浙地區城市經濟的發展，最後，論述兩浙地區城市分佈的變遷及其原因。

　　第五章「安史亂後兩浙地區與中央關係之演變」：敘述安史之亂後，唐中央對兩浙的倚賴與其原因，並對兩浙藩鎮與中央關係的由密而疏進行論述，再

者，吳越國的經濟建設及對五代政局的影響，亦本章所要探討的重要論點。

第六章「結論」：對本書的論點進行總結性的敘述，並期許唐代區域經濟史研究，在未來能有更豐碩的成果。

目　次

第十二冊　南唐先主李昇研究

作者簡介

　　曾嚴奭，中國文化大學史學博士，民國 64 年 5 月 1 日生於高雄，自幼即對歷史相關知識、學科有著極高的興趣，在父母的支持下，即以研讀歷史爲學習目標。就讀於中國文化大學史學系、碩士班、博士班，民國 96 年 6 月取得

歷史博士學位。曾任亞東技術學院兼任講師，行政院人事行政局九十三年南投縣巡迴研習兼任講座、行政院人事行政局地方行政研習中心兼任講座、中華民國義勇消防總會兼任幹事等。

提　要

　　南唐先主李，出身孤寒，卻在戰亂中爲徐溫所收養，方才有機會展開其不平凡的一生。李一直爲徐溫諸子們所排擠，致使日後爲保其權位，不斷與徐溫諸子們展開爭鬥，終於在徐溫死後，得以順利成爲徐溫繼承人，獨掌吳國政權。

　　在獨掌吳政後，便將眼光放於奪吳建國之上，早在徐溫執掌吳政時，即有意篡奪吳國，在勢力未穩下，遲遲不敢動手，終徐溫之世終未能成。李在徐溫所建立的基礎下，走向了奪吳的道路上。雖如此，仍遭遇到了不少問題，最主要的是內部的派系鬥爭，但在其操控下終使派系得以穩定，也使派系問題得以暫時解決，卻也由於李未能妥善解決此問題，在其子李璟時終於爆發，致使南唐終因派系鬥爭而中衰。

　　建國後，李在面臨國際情況下，採取保境安民的政策，不過並不以割據一方而自滿，而是有意一統天下，但在了解自身實力後，而不願輕啓戰端，一切以發展國內經濟、民生爲主，從而使國勢日漸上昇，隱然有南北對抗之勢。李雖有意北伐，不過一直在等待時機，終其一生仍未能來臨。

　　李一直爲選擇繼承人所苦惱，李璟雖爲長子，喜好文藝，但個性文弱不爲李所喜，李璟也了解此一情況，表面上呈現不爭儲位之心，每當李迫於臣下壓力而不得以表現欲立李璟爲儲，李璟皆上表拒絕，從而使李以爲其無爭位之心，但在李重病時，李璟奪位之心大致展現，率先入宮，得以繼位。

目　次

第十三冊　宋代監當官體系之研究

作者簡介

　　雷家聖，民國 59 年 5 月生，國立中興大學學士、碩士，國立台灣師範大學博士。現為國立台灣大學歷史學系兼任助理教授，開設歷史系專業課程「宋代政治史」及通識課程「現代化與近代中國變遷」、「從貨幣看中國歷史」。主要研究領域為宋代政治與制度，另外對中國歷代貨幣史、中國近代史也有相當深入的接觸。除了碩士論文〈北宋前期文官考銓制度之研究〉（1999）、博士論文〈宋代監當官體系之研究〉（2004）外，另曾出版學術專書《力挽狂瀾：戊戌政變新探》（2004），以及發表學術論文、書評十餘篇。

提　要

　　所謂「監當官」，係指宋代中央或地方政府之中的基層官僚體系，主要負責財賦收支的管理、官營商業的經營、以及其他專門性事務的監督，在宋代的財賦收入與支出的過程中，扮演著重要的角色。本書介紹了地方官府的各類監當官，如監酒、監鹽、監茶、庫務、監稅、監鎮等；以及中央政府內，負責製造管理軍器、為皇室提供食衣住行娛樂所需、為中央政府提供各種服務的各類監當官。此外，本書並討論宋朝對監當官的考核與任用方式。

　　由於宋代尚屬於「前資本主義」的傳統農業社會，缺乏大商人與商幫，因此監當官體系在全國性財賦流通的過程中，發揮了轉運各地財賦、促進經濟流動的重要作用，這是宋代商業日益繁榮的重要因素之一。不過，到了南宋時期，由於國家的軍費開支龐大，監當官（尤其是徵收商稅的監稅官）就扮演了為國家聚斂錢財的角色。尤其，在儒家思想主導的中國社會，監當官這類「言利之臣」，雖然在政府的運轉當中扮演了不可或缺的角色，卻經常受到士大夫的鄙夷與輕視。

目　次

第十四冊　蒙元帝國初期的政教關係

作者簡介

胡其德，1951 年生於台灣台南，1990 年於台灣師範大學取得文學博士學位。先後任教於台灣師範大學（1984－2006）和清雲科技大學（2006 年迄今）。從 1988 到 2006 年，先後四次赴歐洲研究，稍識西方文化和西人治學之法。以蒙古史和道教史為專業，重要著作有《元朝驛遞制度研究》、《蒙古族騰格里觀念的演變》、〈成吉思汗即位前後的政教關係〉、〈蒙古族顏色觀念研究〉、〈太一與三一〉、〈金代太一教興起的背景分析〉、〈王重陽的解脫法門〉等。

治史之餘亦寫詩，先後出版《翡冷翠的秋晨》、《香格里拉》和《白日集》三本詩集。

提　要

以宏觀的歷史而言，蒙元帝國初期的政教關係可分三大階段來論：

第一階段：從 1189 年到 1259 年。1206 年以前，薩蠻得勢，並且左右可汗的人選；以後薩蠻失去了社會基礎，只能與可汗建立互利的私人關係。1223－1251 年間，全真道士亦頗為蒙古可汗器重。

第二階段：從 1260 年到 1281 年，喇嘛最受蒙古可汗寵信，位居要津。從 1255 年到 1281 年先後三次的佛道大辯論，可汗都立足於制高點。漢地僧侶雖然取得了勝利，但是全真道並未因此而消失，而是走入民間，奠定它在華北的基礎。

第三階段：從 1281 年到 1304 年，此階段最受寵信的道派是從天師正一分出來的玄教。玄教宗師張留孫憑藉五朝皇帝的寵信，奠定正一之為江南道教領袖之基礎。

從供需原理而言，法術越強者越受可汗重視，政教關係越密切。第一階段的薩蠻、第二階段的喇嘛，以及第三階段的喇嘛、正一道士均屬之。

從社會安定的角度而言，全真道士以其收納流亡、安定華北社會人心之作用，在 1223 年到 1276 年之間，曾備受蒙古可汗重視。

　　從政治控制的角度而言，蒙古可汗頗有利用宗教自由政策與宗教管理機構，以遂行其政治目的之企圖。

　　就政教關係的類型而言，蒙元帝國初期的政教關係屬於楊慶所謂「第一類型」（即各教派人士與統治者合作），但是，天平向蒙古可汗傾斜。即各宗派在蒙古強大武力的震懾以及蒙古可汗「汗位天授」的觀念之下，只有想盡辦法迎合可汗的旨意，以獲得恩寵和實際利益。

目　次

第十五、十六冊　明人的鑑賞生活

作者簡介

　　金炫廷，民國 60 年 3 月生，中國文化大學學士、碩士，博士。現爲韓國仁荷大學國際通商學部約聘教授，開設中文專業課程。主要研究領域爲明代書畫史、明代文人生活史、古物鑑賞、古玩收藏鑑賞家之範圍。中國近代美術史也有相當深入的接觸。除了碩士論文〈潘天壽水墨畫之研究〉（1996）、博士論文〈明人的鑑賞生活—江南文人的鑑賞活動與鑑賞自娛〉（2004）外，還發表學術論文「李日華的生平與著述」（2002）、「明代中後期文人的繪畫收藏活動」（2009）等篇。另在韓國出版學術專書《明代文人社交休閑活動——文物流通》（2008）。

提　要

　　本文擬以社會史、生活史、文化史、藝術史等學門相結合的視角與方法，將明代中後期江南地區文人階層的書畫、古玩、典籍流通、收藏的鑑賞活動、鑑賞自娛，放到當時具體的歷史大環境中進行研究，藉此對明代文人士大夫的

心態，及其在社會、經濟等生活領域中，行為特徵的終極因素有所折射和瞭解。進一步認識階層內部以及整個社會風氣與價值觀念的變化與互動，從而對中晚明的時代特點有更深入的認識。無疑這是一個很有意義又很艱巨的課題，限於學力，本文對於其中涉及到的藝術史方面的問題，除了與揭示主題密切相關的要素之外，不予過多關注；並且在資料的處理上採取以江南地區文人為主軸，由此間及到相關的其他區域。

本文命題中的「鑑賞活動」，是指鑑賞生活中的社交生活、經濟生活、知識生活等層面而言。社交生活中的鑑賞是重要媒介；經濟生活中的鑑賞，有時也是生存於浮世的憑藉之一；至於知識生活中的鑑賞，則是指鑑賞活動中有助於鑑賞知識的積累與升華；明人鑑賞活動中種種的時代特質，而形成了這個時期的特色。「鑑賞自娛」中所謂「自娛」，表面看來側重抒寫閑适、寧靜、逍遙、沖淡之情，實質上正是晚明文人階層普世的性靈生活的藥引；有了自娛生活樂地的歸宿根源，才有進一層次性靈生活的開展。如果說明代性靈生活是文人階層的普世價值，則居家自娛生活的營造，正是開啓時代性靈生活的活源頭。當明人生活轉向以居家自娛為主體生活之時，社交、經濟、知識等外在的生活模式也於焉成型。

本文的研究重點，主旨在鑑賞活動與自娛內容與分析，來瞭解明代文人生活的時代圖像。

目　次

上　冊

第十七冊　明代的獄政管理──國家制度的司法權力運作

作者簡介

　　連啓元，臺灣臺北人，中國文化大學史學研究所博士，現為國立臺灣藝術

大學通識教育中心兼任助理教授，研究領域爲文化史、社會生活史、明清史，目前著重於文化史研究，涵蓋社會生活與法律文化層面。發表著作有：〈明代地方社會的公共訊息傳播〉、〈文徵明的山居生活意象〉、〈反獄動亂下的歷史書寫：明正統末年廣東黃蕭養事件研究〉、〈傳播與空間：明代官方告示刊布場所及其傳播特性〉等近十篇文章。

提　要

　　監獄爲司法審判後，執行刑罰的場所，屬於司法制度研究的範疇。明代在獄政管理上，包含人事制度的刑官、司獄官、監察官的設立與編制，獄房起居與督察、獄囚飲食、勞役等諸項活動，獄房刑罰的施行與限制，恤刑的會審制度，罪囚的緝捕，以及獄囚的越獄、劫囚等對抗行爲。明代雖承襲歷代前朝的制度，亦有其創新與革新之處，並自成一套系統化的管理制度。

　　本文論述架構共分爲七章：

　　第一章　緒論：說明研究的動機，並就目前對獄政管理的相關研究成果，以及本文所運用史料作概略性介紹。

　　第二章　獄政的建置：說明獄政制度之下刑官與獄官編制、獄房種類與設置情形，並論述典獄官員與獄卒的職掌。

　　第三章　獄房的管理：論述獄房的功能，獄囚起居環境、飲食、勞役等活動，獄房的巡察，以及司獄司監察的權責範圍。

　　第四章　獄房的刑罰：說明刑訊的功能與目的，獄中刑具與戒具的使用範疇，會審制度的類型與施行情形。

　　第五章　獄房的囚徒：論述罪囚緝捕行動，罪囚的拒捕與逃亡，獄囚的脫逃藏匿，以及強行越獄與劫囚等行爲。

　　第六章　獄囚與社會：從整個明代的獄囚脫逃事件探討類型演變過程，由初期較消極平和的方式，轉向晚期積極暴力的方式，進而說明獄囚與地方社會的互動關係。

　　第七章　結論：從整體獄政管理的運作情形，提出對明代獄政制度的研究所得，並總結明代獄政制度的優缺點與特色。

目　次

第十八冊　明代書院講學的研究

作者簡介

　　王崇峻，一九六四年生。國立台灣大學歷史系學士、國立台灣師範大學歷史研究所碩士。曾任國民小學教師，現任國立東華大學鄉土文化學系副教授。著有專書《維風導俗：明代中晚期的社會變遷與鄉約制度》（文史哲，2000）、《續修花蓮縣志：民國七十一年至九十年，教育篇》（與黃熾霖合著，花蓮縣政府，2008），學術論文〈明代中晚期江右王門學者的鄉村運動——以江西吉安府為中心〉、〈從李紱的罷黜看雍正帝的政治目的〉等十餘篇。

提　要

　　明代的書院興起於十五世紀中葉前後，原因除了是滿足社會對教育的需要之外，更重要的是學術風氣的轉變，尤其是王守仁、湛若水以及他們弟子的孜孜講學，大力創建書院，使書院講學到十六世紀後達於鼎盛。

　　然而，在書院興起後，隨即發生了三次大規模的毀禁書院措施。第一次是在嘉靖十六年（1537），主因是禁止王守仁的學說。第二次是在萬曆七年（1579），主要是王門弟子大力講學所引發的問題，如干進斂財、專務空談、崇黨立戶等，自不能被以「儒體法用」為治術的張居正所容忍，於是產生了第二次毀禁書院。第三次在天啓五年（1625），也就是萬曆中葉以來東林與反東林兩派鬥爭的副產品。

　　以宏觀的角度看這三次毀禁書院的歷程，先是嘉靖時的「傳習邪說」、「號召門徒」，然後是萬曆時的「別標門戶」、「聚黨空談」，以至天啓時的「相互標榜」、「遙制朝權」，這一過程確實是由學術轉向政治。傳統中國社會中，知識分子所代表「道」的力量一直缺乏組織，明代學者在講學時主持輿論，以至與當權的政治勢力對抗，不僅是明代書院講學特別之處，也是儒者在學術和政治上的突破，也就是知識分子「道」的力量，逐漸以組織的方式對抗「勢」的趨勢，黃宗羲對學校的規畫正是繼承了這一特殊性格。

目 次

第十九冊　明代野史的發展與特色

作者簡介

廖瑞銘，台北市人，中國文化大學史學研究所博士，現任教於台中縣沙鹿鎮靜宜大學台灣文學系。

大學時期起即對明清學術思想史潛心研究，碩士論文寫「余子俊研究」，處理明代北方邊防體系的問題。博士班初期，原本繼邊防問題，延伸探討明代的軍事體制，後因受西方「結構主義」及相關思潮啟發，轉向探討明代的「野史」議題，重新評價野史及掌故筆記小說。

1994 年 7 月博士之後，因教學關係，轉向研究台灣語文領域。1996 年起擔任財團法人李江卻台語文教基金會董事，台語文學專門雜誌《台文 BONG 報》發行人兼總編輯。

提　要

歷來對於明代史學的刻板描述都是「官史不彰，野史充斥」，本文主要探討明代野史的發展及其所反映的意義與特色，並給予明代野史重新評價與定位。

「緒論」說明中國傳統「野史」概念及其發展，界定本文的研究範疇、角度與方法。

第一章「明代史學的研究概況與明代野史的分期」，檢討歷來史學界對於明代史學的評價與態度、及對明代野史發展做必要的分期。

第二章「明代前期（洪武至正德間）的野史」，主要論述明初因官學束縛及政治禁制，限縮私家史學的發展空間。英宗以後，出現以蘇州文苑為主的野史，其作品特色呈現博學尚趣的學風及異於官學意識的史學觀點。

第三章「明代中期（嘉靖至隆慶間）的野史」，論述因內憂外患衝擊、王學盛行流佈，引起知識分子對時局的反省及個人意識覺醒，加上商品經濟的推波助瀾，使得野史筆記與當代史大量刻版，流通社會，蔚為大觀。

第四章「明代後期（萬曆以後）的野史」，論述《大明會典》及「國朝正史」的修纂帶動修撰國史的風潮，尤其，實錄重錄工作使實錄資料得以流入民間，提高野史筆記的史料徵實性。另外，野史叢書的印行，更擴大其影響面。

第五章「明代野史的特色與地位」，歸納明代野史作品的特色，重新評價明代史學，並在中國史學史找到應有的地位。

「結論」除對於本文做摘要論述外，更提出野史與小說之間的一些延伸思考。

目　次

第二十冊　全祖望之史學

作者簡介

　　張麗珠，國立高雄師範大學文學博士，現任國立彰化師範大學國文系所教授。開設課程：中國哲學史、清代學術專題、明清思想研究、中國近代思想、詞曲選及習作、新文藝及習作等；出版專書，除《全祖望之史學》外，還有《中國哲學史三十講》、《清代義理學新貌》、《清代新義理學——傳統與現代的交會》、《清代的義理學轉型》、《袖珍詞學》、《袖珍詞選》等，以及博、碩士論文《乾嘉時期的義理學趨向研究》、《全祖望之史學研究》和單篇論文數十篇。

提　要

　　本著：《全祖望之史學》，旨在探究全祖望史學思想之所以形成及其史學特色、治史特長與價值意義。全書約十五萬字，共分五章，並附錄「紀念全祖望誕辰 300 周年」紀念會之專題演講：〈獨立於時風眾勢外的全祖望史學精神〉於書後。

　　第一章〈導論——全祖望史學形成之背景〉：其重點在於說明由宋明理學轉入清學之學術演變之，並擇要敘述清初之學術發展及史學興盛概況，以明夫全氏史學之時代背景。

　　第二章〈全祖望之生平與學術〉：全氏以用世之才而隱約草廬，蓋由於澹泊寡營、氣節嚴峻故也，因此終生勤學著述，並由此開展出輝煌燦爛之史學成就。故本章敘述其生平與學術，先俯瞰其學術全貌，然後再聚焦於其史學成就上。

第三章〈全祖望史學思想之淵源〉：全氏世德夙有清譽，謝山秉此寒素家風，弗敢墮其門風；重以諸多前賢之精神揚厲、理學思想之涵養濡染，使其亟欲發揚鄉先賢之節烈精神，故終其生致力於掇拾南明遺史，以表彰浙東地區之忠孝節義。

第四章〈全祖望之史學及其影響〉：全氏爲浙東史學名家，本章梳理其史學特色、治史特長及史學價值，以明其史學思想及影響。

第五章〈結論〉：總述全祖望之史學，以見其不僅以史學名家，更在於爲後世樹立史家典範，功在儒林。

目 次

序 言

巫及其與先秦文化之關係

李添瑞　著

作者簡介

李添瑞

家世：1955 年生，台灣雲林人，自幼在純樸鄉村長大，先祖先父均務農，有幾分土地，有時須
　　　協助農事，自然養成踏實習性與較佳耐力。

學歷：嘉義師專語文組、逢甲大學財稅系、政治大學中文所碩士班。

考試：1982 年高考人事行政及格。

經歷：台中市西屯、健行國小教師，銓敘部科、專員，國立雲林科技大學人事室主任、漢學
　　　所專任教師。

學術：面對浩瀚古今典籍，深愧所讀所知甚少，因多分心於公、校務，熟稔於公文，較少有充
　　　裕時間潛心於學術研究，且鄉下圖書資訊有限，復以生性疏懶，故僅有數篇文藝評介或
　　　散文發表於校內刊物，另有自印本「學術論文集」（收小論文五篇）乙冊。今已退休，當
　　　較有暇彌補上述愧憾。

提　要

　　古巫在中國先秦社會與文化中具有重要的地位，本書乃透過對古巫作系統性的考察，以了
解古巫的特質及其對先秦文化的貢獻。

　　本書以文獻資料分析為主，配合部分田野調查。所使用文獻資料主要為經書、子書，並及
部分偽書與神話傳說資料；另亦參考近人及國外漢學家的相關論著，以了解其研究方法。故本
論文參用多種理論與方法，除從歷史的觀點（宏觀）說明先秦巫者的基本觀念及其在先秦歷史
中的演變外，又以功能分析方法（微觀）分類說明先秦巫者的各項職能及其貢獻；而為了彰顯
中國巫的特質，也使用比較研究法，以古巫與今日大陸邊區民族的薩滿及台灣的乩童略作比較，
並使用外國人類學家研究各地區的巫所得結果加以比較研究。

　　本書共分六章，首章「導言」，說明研究動機、目的、範圍、方法、資料來源、前人研究成
果及研究內容等。第二章「先秦時代巫之基本觀念」，說明巫之字義、巫者產生方式、條件及其
形象與特質等。第三章「先秦時代巫之流變及其主要活動範圍」，說明古巫之源起及其在先秦時
代的發展暨分化情形，並扼要敍述其活動範圍。第四章「先秦時代巫之職能」，凡有祭祀、祈雨、
卜筮、醫病、解夢及除災邪等。第五章「巫與先秦文化之關係」，說明巫的地位及其與宗教、
科學、藝術、學術思想等的關係。第六章「結論」，綜結各章所論，確定巫在先秦社會與文化中
的重要性及其影響。

　　從本書的研究結果，可知先秦巫者職能極多，在先秦社會上扮演一重要的角色，故能創造
及傳承古文化。其貢獻甚大，影響亦極深遠，在中國古文化中確實佔有極其重要的地位。

目次

第一章　導　言

第一節　研究動機與目的

　　在現代社會裡，一般人總認爲巫是不文明的，巫術不過是異端左道，這是因爲常人所見的現代巫覡慣常裝神弄鬼，以種種神技魔術——鋼針穿嘴、手潑沸油、釘錘札背、赤足上刀梯、蹈火堆等來取得人們相信的緣故。然據古代典籍有關先秦巫者的記載，情形卻有不同，巫在不同於今日的歷史條件下的原始社會中，具有更複雜多樣的社會功能與實用意義，對當時社會有極大貢獻，地位頗爲重要。因之我們不能因巫覡在後世牽涉到許多鬼神迷信，便否認他們對古代社會文化的貢獻。

　　巫在我國文化的黎明時期確實佔有重要的地位，日人白川靜氏說：「無論任何地區的古代文化，也都發源於巫祝的世界中。」〔註1〕又本田成之氏也說：「巫從上代以來，成了天文、醫方、文學的基礎，實是創造中國文化的淵源的人。」〔註2〕以上兩位於漢學素有研究的日籍學者對我國古代文化總的體驗所下的斷語，是合乎古代史實的。任何民族，都必經歷所謂的「神權時代」。在神權時代，鬼神的權威超過一切，而自傳說中帝顓頊進行「絕地天通」的宗教改革後，人們就不能直接與鬼神交通，而須透過人神的媒介——巫覡代爲溝通。〔註3〕巫覡自稱也被認爲能夠「通靈」及「降神」，能利用符咒、歌

〔註1〕　見白川靜原著，加地伸行、范月嬌合譯《中國古代文化》第五章，頁132。
〔註2〕　見本田成之著《中國經學史》第一章，頁12。
〔註3〕　見《國語・楚語下》所記觀射父答楚昭王問話。

舞、祈禱或一定的儀式，和神靈鬼魂打交道，而替人驅邪治病，祈福避禍，預言吉凶休咎，祈天普降甘霖等，就在種種巫術禮儀及對天地形成、人類起源與鬼神歷史的解說中，巫者無意間創造及傳播各項知識與技能——宗教、醫學、天文、歷史、神話、詩歌、音樂、舞蹈及哲學思想等；加以神權時代政教合一，巫者社會地位至高——曾爲王者身分，各民族也都有「巫師崇拜」，影響力深遠而廣大；原始知識藝能在掌有政教權力的巫覡的創導下，自易得其成果，形成所謂的「巫文化」。

古巫不僅創造了文化，也保存傳承了文化，是故凡百學術，溯其江河之發源，概可歸之於「巫」，古籍之充滿巫術色彩，原因也在於此；後代文化深受古巫的影響，是顯而易見的。巫文化既是任何民族最原始的文化，也是最具代表性的古代文化，然絕大多數的文化史都忽略了這重要的一環，近人及外國漢學家對古巫及巫文化雖有專篇論文或書籍發表，但都偏於某些問題，未能作較爲全面系統的考察，其論及層面較廣者，也都不無遺珠缺漏之處，甚至有少數學者了解不夠深廣，對先秦巫者相關命題所作論述，頗有商榷的餘地。古巫在原始社會中佔有重要的地位，和古代文化的關係又是那麼密切，是以要了解中國古代文化，須先了解先秦的巫及巫文化。在此對古巫及巫文化的研究仍處於起步階段之時，似乎有那麼必要就此一課題作一全面系統的整理考察，本書的寫作動機即緣於此。

因古巫在先秦文化中扮演關鍵的角色，地位相當重要；又因巫者職能極廣，活動範圍至大，可藉之了解古代社會種種狀況；加以巫文化深深影響後世文化，是先秦文化的根源。本書所透過對古巫作系統性的考察，首先，在藉以了解古巫的特質，釐清一般人對古巫的誤解，旁及了解部分古代社會、政治、經濟狀況；其次，冀望透過對巫文化的探討，以加深了解古代文化，廓清古文化的源起及流變暨其與古巫的確切關聯。這是本書的研究目的。

第二節　研究範圍、方法與資料來源

本書以古巫爲研究對象，並及其與古代文化的關係。在空間上，以我國中原地區——即黃河流域到江淮流域的巫爲研究範圍，其邊疆各民族及外國的巫，均不在研究之列，然如有助於本書之研究者，則亦參引援用；而在時間上，則以先秦時代——即自最初的巫直至夏商周三代的巫爲研究範圍，然

如漢代以後，迄至現代——含外國的巫，其能印證本書或有助於本書之了解者，亦多予以參探。由於缺乏荒古時代的實物資料，本書之研究，主要依靠殷商以後的文字記載，研究重點也只能放在殷商以後，尤其是周代；對殷商以前的情況，只能進行　些臆測。

　　在研究方法上，主要以文獻資料分析為主，並配合部分田野調查方式；而在論證過程，則兼採各種方法，除從「宏觀」（貫時性）的觀點，說明先秦巫者的基本觀念及其在先秦歷史中的演變外，又以「微觀」的觀點（功能分析方法）分類說明先秦巫者的各項職能及其對社會文化的貢獻；而為了彰顯中國巫的特質，也使用比較研究法，以古巫與現今大陸邊區各民族的巫的有關報告及臺灣田野調查所得「乩童」現象，並及外國人類學家研究各地區的巫所獲得的結果加以比較研究。本書即經由以上各種方法的混合運用，來彰顯先秦巫的特質及其與先秦文化的確切關係。

　　本書所使用的文獻資料主要為傳統經書、史書與子書，並及部分偽書；對殷商以前巫及文化現象，則多以神話傳說資料來作推論；另為了解前人研究成果及所用方法，也參考近人及國外漢學家的相關論著。又有關田野調查資料，主要為近代學者對我國邊疆民族的巫（如「薩滿」）的考察報告，及筆者在臺灣鄉下訪查「乩童」所得的結果；至於其他非文字性的史料，如圖片及表等，其有助於本書之解說者，亦予採用。

第三節　前人研究成果與檢討

　　國內學術界對古巫及巫文化的研究尚處於起步階段，就個人所知，截至目前與本書題目相類，或研究事項相當的論著仍付諸闕如，大陸學者研究較多，而日本漢學家的研究，則常使我們汗顏，另歐美學者對此也有部分研究。綜觀前人所有研究，多側重某些事項，或偏於巫的探討，或偏於巫與文化關係的研究，未能元元本本，作較為系統地、全面性的論述；其中不乏論說精闢、道人所未道者，然總不無遺珠之憾，難以窺其全豹。如：大陸學者王人恩氏有〈說『靈』『巫』〉一文，﹝註4﹞即偏於〈九歌〉靈巫的探討；又朱宜初氏有〈論原始巫及有關文藝〉一文，﹝註5﹞對古巫、巫術及相關學術藝能有概

﹝註4﹞ 載於《西北師院學報》，1984年第二期，頁39～42。
﹝註5﹞ 載於《民間文學論壇》，1986年第六期（總23期），頁51～59。

括的論述，然側重在歌舞戲劇、神話故事等方面；另楊知勇氏有〈巫術與詩歌〉一文，〔註6〕對巫術有扼要的述說，並論及其與詩歌的關係；再者，秋浦氏編有《薩滿教研究》一書，〔註7〕對我國北方阿爾泰語系一些民族普遍信仰的「薩滿教」有較系統的論說，於薩滿的起源、神能多所紹介，尤偏重於宗教方面的研究。

以下謹就前人對這方面的研究，列舉較具代表性的數篇分別扼要敍說，並略加檢討；

其一，瞿兌之氏著〈釋巫〉一文。〔註8〕屬較早期的研究，係以先秦、兩漢的巫為範圍，就典籍所載巫的職能及其與醫學、舞蹈、文學與戲劇等項予以整編，並略加案語而成，其優點為持之有故，非憑空臆測；而其缺失蓋在羅列史料，少作分析，故未能深入探究發掘問題；又所論述時代較長，範圍過大，以致對於巫及相關事項的述說顯得粗疏。

其二，陳夢家氏著〈商代的神話與巫術〉一文。〔註9〕此文計分為上篇「神話」與下篇「巫術」兩部分，自以下篇「巫術」與本書較有關連。主要以殷商巫及巫術——側重在舞蹈、被禳方面為研究範圍，因陳氏對古代社會及甲骨卜辭有深刻研究，故論說警闢，如謂「巫即舞」、「商王為群巫之長」等均極有見地,尤多引卜辭為證，益堅強其理論；然所探討事項較少，難免於精而不廣。此外，陳氏另著有《殷虛卜辭綜述》一書，〔註10〕其中第十七章「宗教」中對於巫與祭祀及祈雨的關係也大量引證卜辭，頗值參考。

其三，謝康氏著「中國古代巫術文化及其社會功能」一文。〔註11〕此文所引用的文獻資料及所參考的中外文出版物，據謝氏於文末附誌稱約在一百餘種以上，故所論說範圍至廣，內容繁複豐盛，雖以我國巫術文化為論述對象，然多參引外國有關理論與資料。此文對巫術及其種類暨其社會功能，均廣徵博引，詳細析述，通暢無礙；惟因所研究項目暨所引證資料通貫我國古今各代，自難專精深入，略顯繁瑣駁雜。

〔註6〕載於《民間文學論壇》，1986 年第四期（總 21 期），頁 37〜45。
〔註7〕本書共 180 頁，1985 年 5 月第一版，由上海人民出版社出版。
〔註8〕載於《燕京學報》第七期，民國 19 年 6 月出版。
〔註9〕載於《燕京學報》第二十期，民國 25 年 12 月出版。
〔註10〕此書在臺灣係由台北大通書局於民國 60 年 5 月出版。
〔註11〕此文分上、下二部分，分別刊載於《中華文化復興月刊》第九卷第一期及第二期。

　　其四，周策縱氏著《古巫醫與『六詩』考》一書。〔註12〕此書屬現今有關此方面的較新著作，原只是一些講義和演講稿，曾以「中國古代的巫醫與祭祀、歷史、樂舞及詩的關係」爲題發表在「清華學報」上。〔註13〕這本書副題爲「中國浪漫文學探源」，故除對巫與古代醫學的關係有較全面的探討外，尤側重古巫對樂舞及詩歌發展的貢獻的研析。書中有若干假設，令人耳目一新，而凡所假設，均引經據典，甚至層層推證，大抵持之有故，言之成理；惟部分論點似較牽強，證據薄弱，例如中篇將古代名巫二十二個分別依各巫名字所示的工作性質列舉於五大類內，即不無商榷餘地，事實上古代神巫絕不只專精一項職能，如《說文》稱：「古者巫彭初作醫」，巫彭與醫藥關係密切，此書未將之歸於「醫藥」方面，而歸於「樂舞」方面，即爲明例；又如下篇認爲「六詩」可能均與古巫有過密切關係，風、賦、比、興的名稱和古巫如巫凡、巫比、巫盼相同或相類，此種硬將「六詩」之名與古巫之名相連繫，而認定其間存有密切關連，亦略顯牽強，不無穿鑿附會之弊。

　　其五，日人狩野直喜氏作《支那學文藪》一書〔註14〕中有〈支那上代の巫，巫咸に就いて〉、〈說巫補遺〉及〈續說巫補遺〉等三篇有關我國古巫的論文，〔註15〕對周代的巫及「巫咸」、巫者地位的變遷（巫與祝的關係）暨巫與醫術、星占術及文學的關係有精闢扼要的敍說，結構嚴謹，均引古代典籍爲據，所論層面較廣，然仍未及全面。

　　其六，日人藤野岩友氏作《巫系文學論》一書〔註16〕中「巫に就いて」一章對巫之起源、字義、神政、巫和宗祝史的關係、巫和楚國的關係均有論述，也值得參考；另有「設問文學」等章節，側重巫與文學關係的探討，將「巫系文學」分爲「卜問」、「祝辭」、「繇辭」、「神歌、神舞、神劇」及「招魂歌」等五大項，書末並列表說明，並及對後代文學的影響，自成體系，惜僅限於「文學」一項。

　　其他日本學者如林巳奈夫氏作〈中國古代の神巫〉一文，〔註17〕對長沙

〔註12〕此書於民國75年3月初版，由台北聯經出版事業公司出版。
〔註13〕見《清華學報》新十二卷一、二期合刊，1981年12月。
〔註14〕此書於1973年4月2日，於東京由「株式會社みすず」發行。
〔註15〕此三篇論文原分別載於「大正5年7月，哲學研究第4號」、「大正6年3月，藝文第8年第3號」及「大正7年6月，藝文第9年第6號」。
〔註16〕此書於昭和44年1月20日，於東京由「株式會社大學書房」增補發行。
〔註17〕此文載於《東方學報》京都第三十八期，頁199～224，1967年3月。

出土戰國時代帛書十二神（巫神）及殷代的巫暨神巫多所論述，並引卜辭爲證，尚稱深入；又如加藤常賢氏作「巫祝考」一文，〔註18〕係就文字、聲韻、訓詁方面來探討「巫」與「祝」，頗有發揮，如論巫有「傴僂」之意，堪稱獨到，然未論及巫與文化的關係。再如加納喜光氏作「中國古代における精神療法」一文，〔註19〕於我國古巫的原始精神治療法略有論及，可供巫與醫學關係研究的參考。

第四節　研究內容

本書依書名，其內容分前、後兩大部分。前半部探討「古巫」，後半部研析「巫和先秦文化的關係」，共分六章，大要如下：

首章　「導言」：說明研究動機、目的、範圍、方法、資料來源、前人研究成果及研究內容等。

第二章　「先秦時代巫之基本觀念」：說明巫之字義，巫者產生方式、必備條件、服飾、形象及道具、施術種類、跳神經過暨其存在原因等，爲總的述說。

第三章　「先秦時代巫之流變及其主要活動範圍」：說明古巫之源起、夏以前及夏、商、周三代之巫，兼及周巫之分化，並扼要敍述其活動範圍。

第四章　「先秦時代巫之職能」：凡有祭祀、祈雨、卜筮、醫病、解夢及除災邪、招魂魄、察隱微等項。

第五章　「巫與先秦文化之關係」：首述巫在先秦文化中的地位，次就巫與宗教、科學（醫學、星占學）、藝術（舞蹈、戲劇及文學）暨學術思想（並以《易經》、《莊子》爲代表）等項，分別闡述其間的關係。

第六章　「結論」：綜結各章所論，確定巫在先秦社會與文化中的重要性及其影響。

〔註18〕載於《中國古代文化の研究》頁103～132，1980年。
〔註19〕此文載於《中國—社會と文化》第一號，頁1～19，昭和61年6月28日。

第二章 先秦時代巫之基本觀念

在我國古代社會中，巫者扮演著各種角色，尤其對當時的文化，具有舉足輕重的地位。巫者的產生，有其一定的社會背景與歷史條件；因巫者具備各項優越的條件與才能，故能持續存在並活躍於古代社會舞台中；而巫者為進行其職事，施展各類巫術，一般須經降神過程，伴之以特異的情態、服飾與道具，形成巫者的特殊形象；從巫者所具有多樣化的形象與特質，可以發現巫在古代社會中具有多重的功能。今人常以對後世的巫的印象來推測古巫，而產生不同程度的誤解，本章爰擬就巫之字義、巫者產生方式及必備條件、巫者之服飾、形象與道具、巫術種類及跳神經過、巫者存在的原因等項作一粗淺的探討，俾對我國先秦巫者有一基本的、正確的觀念。

第一節　巫之字義

巫是古代宗教事務及文化活動的主持人物，這種人被稱為「巫」，最早見於殷商卜辭。而自東漢許慎以下，迄至今日包括日本學者在內的不少學者，對於「巫」字的意義，意見頗為紛歧。以下係從文字學、語言學的觀點來推論「巫」字制字之來源及原始意義。

歷代學者對於「巫」字的解釋，最早的首推東漢許慎。在許氏所整理我國古文字的經典著作《說文解字》一書中，對於「巫」字所作的解說為：

> 巫，巫祝也。女能事無形，以舞降神者也，象人兩褎舞形，與工同意。古者巫咸初作巫。凡巫之屬，皆从巫。𢍼，古文巫。（五篇上）

許氏釋「巫」為「巫祝」，清代段玉裁氏不以為然，注云：「按祝乃覡之誤，巫、覡皆巫也。……周禮祝與巫分職，二者雖相須為用，不得以祝釋巫也。」依段

－7－

氏的說法，「巫」爲「巫覡」，而非「巫祝」。其實對於「覡」字，許愼另有解釋：
「覡，能齊肅事神明者，在男曰覡，在女曰巫，从巫見。」（《説文》五篇上）
此釋「覡」字字義較「巫」簡略，惟稱「在男曰覡，在女曰巫」二句，《國語·
楚語》及《抱朴子·論仙》等典籍均有記載，由此可見，「巫」、「覡」同爲事神
人物，身分相同，而稱呼不同，「巫」爲女巫，「覡」爲男巫，然統稱則爲「巫」。
先秦「祝」就是「巫」所分化出來的，其身分仍爲巫官，雖然二者地位、職能
已有分別，惟關係相當密切，古代典籍常連稱並舉，渾言「巫祝」，此當許愼説
解所本；而段氏注釋「巫」爲巫覡，亦持之有故，益顯得精確。

　　日人白川靜氏對許愼釋「巫」字爲「象用兩袖跳舞之形」不表贊同，而
認爲「巫之字形，蓋可視作象用兩手持其咒具之形」，〔註1〕白川靜氏將巫字
的「工」當作「咒具」，認爲巫象用兩手持其咒具；惟近人羅振玉氏以爲兩手
所奉爲「玉器」，「巫」字於卜辭中有作「🀆」〔註2〕或「🀆」〔註3〕或「🀆」
〔註4〕等形，其中「🀆」字，羅氏釋爲：

> 此从冂，象巫在神幄中，而兩手奉玉以事神。許君謂从⺡⺡，象兩褎
> 舞形，初不類矣！〔註5〕

古人於祭祀時，多奉進以玉，如《周禮·大宗伯》即載有祭祀天地四方鬼神
各以不同種類的玉云：「以蒼璧禮天，以黃琮禮地，以青珪禮東方，以赤璋禮
南方，以白琥禮西方，以玄璜禮北方。」《山海經》山經部分所記古人山祭也
多用玉，〔註6〕古人何以用玉事神？〈西山經〉的記載可得其消息：「天地鬼
神，是食是饗；君子服之，以禦不祥」，也就是說玉可饗鬼神，可禦不祥。清
代惠士奇著《禮說》卷二云：「清明之玉氣，能與神通。」玉是人類通向靈界
的媒介，將它作爲人神之間的交通器具。因玉有呪力功用，故可供作鎭火、
禱旱之用；又如佩玉、服玉、含玉、葬玉等，都是因爲玉有除不祥、辟惡氣
等的基本呪力效果。〔註7〕因祭祀驅邪爲古巫的主要職責，甲骨文中「🀆」及
「🀆」等字，疑即緣巫以玉祭神之事而來。

〔註1〕　見白川靜原著，加地伸行、范月嬌合譯《中國古代文化》第五章，頁137。
〔註2〕　見羅振玉編《殷虛書契後編》下第4頁。
〔註3〕　見劉鶚撰《鐵雲藏龜》143·1。
〔註4〕　同〔註3〕188·3。
〔註5〕　見羅振玉著《殷虛書契考釋》，頁15。
〔註6〕　如「中山經」：「驕山，帝也。其祠羞酒，………嬰一璧。」類似此類記載極多。
〔註7〕　參見藤野岩友著《巫系文學論》，頁13「巫に就いて」章中「巫の字義」段內。

而在卜辭與金文中,「巫」字又多作「十」,如:

丁酉卜,十帝?(粹1268)——圖1右下方一片即是,另三片巫字
併供參考。

庚戌卜,十帝一羊一犬?(寧滬一・七六)

癸亥貞,今日帝于十,豕一犬一?(人2298)

此「十」字與上揭「」等字字形顯有差異,「十」字究竟是什麼意義?唐蘭
氏云:

十字在甲骨文和銅器裡常見,向來沒有人認得(有人釋作「癸」,非是)。

假如我們去讀詛楚文,就可以知道是「巫咸」的「巫」字。〔註8〕

圖1:甲骨文「巫」(十)字(錄自《殷契粹編》)

第56片:下半部中間兩字爲「巫　」。　　第1311片:帝東巫。

第1036片:下方兩字爲「巫帝」。　　第1268片:中段左邊兩字爲「巫帝」。

　　　　　　　　　　　　　　　　　　　　　　(帝字殘缺)。

〔註8〕　見唐蘭著《古文字學導論》下編,頁18。

唐氏將「十」釋作「巫」，陳夢家氏也持相同的看法：

> 我們以爲卜辭的咸戊可能是巫咸。……「戊」「巫」古音相近，卜辭
> 之十可能是巫字；而卜辭戊作亻，與之形近易混。〔註9〕

另李孝定氏也認爲：「唐氏以詛楚文巫字作十，證此爲巫字，是也」〔註 10〕
而饒宗頤氏稱：「殷人亦用巫，後編上・五・二：『☐卜在曹其用十米且戊若』，
其證也。」〔註 11〕近代學者周策縱氏也贊同唐氏的說法。〔註 12〕可見「巫」
字甲金文作「十」，學者大致無甚異議；而「十」字何以如此制作？李孝定
氏云：

> 惟巫字何以作十，亦殊難索解，疑象當時巫者所用道具之形，然亦
> 無由加以證明，亦惟不知蓋闕耳！〔註 13〕

此釋「十」象古巫所用道具之形，惟未指明何種道具；唐蘭氏則認爲是卜筮
用的「算籌」：

> 八卦的起源，是用算籌（卜算子）來布成爻（古文作爻，即象三爻），
> 古文「學」字，也就像兩手布爻的形狀。這種方法由巫發明，所以
> 「巫」字古作「十」，本也是兩個算籌交加的形狀。〔註 14〕

此以「十」爲兩個算籌交加之形，偏重卜筮方面，卜筮固爲古巫職能之一，
然似不如祭祀來得普遍且重要，故此種說法不無商榷餘地。而馬薇頎氏釋
「十」字爲象兩玉相交疊形，會巫奉玉事神之意」，〔註 15〕此則以「十」象
兩玉交疊的樣子；又周策縱氏對此問題有較深入的分析。他認爲「十」字是
從「玉」字整齊化而成，他舉《詛楚文》中巫字爲例來作說明，略謂：《詛
楚文》全文三百一十八字中「巫咸」一名出現了五次，三次字形周圍的四劃
都和中間的十字不相連接，如「巫」，但首次出現的字形則十字的一豎劃上
下端卻與外面兩橫劃相連成「王」字形，如「玊」，另外一例雖不緊接，但
也比較接近，可說是介乎二者之間。又《詛楚文》還有「圭玉」一詞，玉字
形如「玊」，和上面第二個巫字很相近。再看甲骨文的巫字，除作「十」字

〔註 9〕 見陳夢家著《殷虛卜辭綜述》，頁 365。
〔註 10〕 見李孝定編《甲骨文字集釋》第五，頁 1598。
〔註 11〕 見饒宗頤著《殷代貞卜人物通考》卷十，頁 663。
〔註 12〕 見周策縱著《古巫醫與『六詩』考》第一章，頁 75～76。
〔註 13〕 見李孝定編《甲骨文字集釋》第五，頁 1598。
〔註 14〕 見唐蘭著《中國文字學》，頁 55～56。
〔註 15〕 見馬薇頎著《薇頎甲骨文原》，頁 1297。

形外，卻在別的地方還作下面兩種形狀：「畫」（後編二・四二・四）及「畫」（粹編一二六八）。這巫字的中間部分更與甲骨文的玉字——甲骨文玉字多作如下兩種形狀：「丰」（後編一・二六・一五）及「羊」（前編六・六五・二）相似。是以甲骨文巫字實是從玉字整齊化而成。《後編》的「畫」字及《詛楚文》的「玉」字正好遺留著這演變的痕跡。〔註16〕以上周氏係就「十」與「玉」之字形加以比較分析，自有參考價值。申言之，甲骨文之「巫」字，或作「風」，或作「風」，或作「十」，要皆與玉有關，玉為古巫事神主要用具，此可再從與巫同義的「靈」字作進一步考察。按許慎對於「靈」字的解釋是：

靈，巫也。以玉事神，从王需聲。靈，靈或从巫。（段注本《說文》一篇上）

呼風喚雨，或者遇旱祈雨，本為古巫的職事，此「靈」字原本從「王」，而後世則改為從「巫」作「靈」，應為形聲兼會意字。所從三口，係象巫者大聲號哭歌唱，發揮聲音的呪術效果，而使雨降落下來，有靈驗、神靈之意，這是「靈」字的原義。《楚辭・九歌》中王逸注均謂「靈」為「巫」，巫師性格濃厚的屈原於《離騷》中自稱其字為「靈均」，又《左傳》襄公二十六年記楚有巫臣，字「子靈」。可見「靈」與「巫」關係密切，許慎及王逸均釋「靈」為「巫」，二者意義相同。而「靈」為「靈」的另一體，故其下面所從之「王（玉）」與「巫」自當存在某種關聯，卜辭「巫」字作「十」，與「王」相似，初期可能指的是同一種東西，或相近的器物，如前分析，疑為古巫祭祀所用的玉器。甲骨文「巫」字又作「風」，本象雙手捧玉之形，另「風」字及「巫」（乙編一八〇〇）字雙手所持之「工」及小篆「巫」字內之「工」，疑均為「王」之省體；而《說文》記巫之古文「巫」字內的「玉」，也象兩手捧玉，與「弄」字造字的方法相同。

綜據上述，由「巫」之制字，可知「十」本來可能是祭祀用的玉器，後來作為以玉事神人員的專稱；而此種人常以舞蹈娛神、祈神或降神。故許慎就業已蛻化的小篆「巫」字字形，釋為「象人兩褒舞形」，以「舞形」釋「巫」，應為後起之義。

〔註16〕見周策縱著《古巫醫與『六詩』考》，頁 76～78。

第二節　巫者之產生方式及其必備條件

一、巫者產生之方式

　　巫是靈媒（Spirit Medium），是人神的媒介，處於天人之間，專門為人祈神降福袪禍，或轉達神的旨意的人，他的產生有一定的方式。

　　在所謂的神權時代，所有宗教活動均由氏族部落領袖策劃主持，王即為巫，因君位世襲，故巫師亦父子相傳；後來專職巫師出現，為因應日益複雜的社會需要，巫者逐漸形成一種特殊的行業，其祖先是業巫的，其子孫也多從事巫職，並以其職業──「巫」作為其氏。《尚書・君奭》記載殷代「格于皇天」、「格于上帝」的「伊尹」及其子「伊陟」暨「巫咸」及其子「巫賢」等四位赫赫大巫，即可作為巫者係由世襲產生的明證，這是先秦巫者產生的重要方式。

　　然父子相傳所產生的巫畢竟有限，無法滿足社會龐大需要，故「師徒相傳」及「由神挑選」等方式產生的巫者應運出現。先秦巫者為執行其職事，須具備與職務有關的各項知識及技能，通常要經過一系列的儀式和訓練，在老巫師的指導下，學習相關知能，達到一定的水平後，始成為一合格的巫者。此種巫者係有心為巫者，或經老巫師挑選並加以教導而產生的。

　　至於「神選」產生的巫者，則不必是自願的，《國語・楚語》所謂「古者民神不雜，民之精爽不攜貳者，⋯⋯如是，則明神降之，在男曰覡，在女曰巫」即是此類。就巫者被稱為「神的代言人」這層特殊身分來看，「神選」方式應較為正式，「神選」的巫者始夠格稱作正統的巫者。那一種人最為神所喜愛挑選為巫？

　　根據大陸學者秋浦對我國東北薩滿所作田野調查發現：那些大難不死，或久病痊癒的人，包括言行異常的精神病患；身體或智力不全、有生理缺陷或畸形體質的人；或神經特別敏感而富於幻想，並能言善道的人，最容易被神挑選為巫。〔註17〕而今巫為古巫的遺留，邊疆民族保存巫術傳統較為原始，故可以推知，先秦時代有上述特質的人也較易被選為巫。究其原因，蓋在古人認為疾病災難是由於鬼神作祟，大病或大難不死的人，因曾與鬼神打過交道，而鬼神不收留他，將他放回人間，放是在他身上就獲得了神祕性、神經性，此種人最有資格、也最為神所優先挑選為巫；而身體畸形殘缺的人，因其天生異稟，與

〔註17〕參見秋浦主編《薩滿教研究》，頁60、「薩滿的承襲」一節。

眾不同，易取得人們信賴其爲神的使者，並博取人神的哀憐而加以眷顧，或者因爲巫者諸般行事，均不須費大勞力，較適合畸形人員擔任。

因巫者是直接從夢幻中或視覺上得到與超自然神祇交往的經驗，故巫者常是些情緒不穩定的人，比常人更易疑神疑鬼，出現幻夢，達到精神恍惚或者激動狀態，以便鬼神降臨其身，或使人認爲神已降臨其身。如東北通古斯語族的巫師稱爲「薩滿」（Shaman），〔註18〕而「薩滿」的字義即爲極不安、激動和瘋狂的人。這也可作爲精神病患、神經敏感而富於幻想的人易爲神挑選爲巫的一個佐證。

所謂身體畸形殘缺的人，易成爲巫，先秦文獻多所記載。如《禮記・檀弓下》記歲旱穆公欲暴尪，鄭元注：「尪者，面向天，覬天哀而雨之。」又《左傳》僖公二十一年云：「夏大旱，公欲焚巫尪。」杜預注：「巫尪，女巫也，主祈禱請雨者。或以爲尪非巫也，瘠病之人，其面上向，俗謂天哀其病，恐雨入其鼻，故爲之旱，是以公欲焚之。」此二例之「尪」實即身體畸形而主祈雨的巫者。另《荀子・王制》云：「相陰陽，……知其吉凶妖祥，傴巫跛擊之事也。」楊倞注：「擊讀爲覡，男巫也。古者以廢疾之人，主卜筮巫祝之事，故曰傴巫跛擊。」又〈正論〉篇亦云：「譬之是猶傴巫跛匡，大（應爲「而」）自以爲有知也。」此「跛匡」即爲「跛尪」，意爲病足的巫者。而「傴巫」爲一疊韻詞，可見巫者與「傴僂」之密切關聯。此外，《鶡冠子・環統》也記載：「積尪生趾，巫以爲師。」以上記載諸巫者或顏面向上，或脊背彎駝，或脛足曲跛，顯示各類畸殘的人，均較可能爲巫。

這種情形，直至今日臺灣的「乩童」（即「巫」）也大同小異。據個人田野調查，吾鄉某一村民，因某年發生車禍，腳腿重創，不良於行。其後在一次村大拜拜中觀看乩童表演，忽然神附其身而「著童」（身體不自主地顫抖跳動），此種情形即爲「抓乩」（神挑乩童），其後再經「坐禁」過程——係睡神桌下一個月，禁絕外事干擾，由神教其工作。此功夫至爲艱難，精神肉體備受煎熬後，即能開口說神話，爲一公認的乩童。又稱邪神也會抓童，且不一定在拜拜熱鬧時才抓，平時無意中也會抓，對象一般多爲八字較低、壽命較短者，抓來代神工作，神使之「延年益壽」；又小孩也會抓，叫做「生童」；

〔註18〕南宋徐夢莘著《三朝北盟會編》卷三云：「珊蠻（即「薩滿」）者，女眞語巫嫗也，以其變通如神，粘罕之下，皆莫能及。」這是漢族文獻中有關薩滿的最早記載。

一般每一村里，都有一個乩童云云。〔註 19〕以上調查結果，與前述神挑產生巫者方式不謀而合，顯示此種古巫產生方式仍相傳至今。

二、巫者必備之條件

先秦時代，巫者為一綜合性的特殊行業，職事極多，幾可包辦人間一切疑難事項，有其多重社會功能。為取得人們信任，宣達神旨人情，解決人們的各項問題，達成社會賦予的任務，巫者本身必須具備一定的條件。

最初的巫，條件至為嚴格，非人人所得為之，《國語・楚語下》記楚國優秀宗教思想家觀射父的話說：

> 古者民神不雜，民之精爽不攜貳者，而又能齊肅衷正，其智能上下
> 比義，其聖能光遠宣朗，其明能光照之，其聰能聽徹之，如是則明
> 神降之，在男曰覡，在女曰巫，是使制神之處位次主，而為之牲器
> 時服。……

此記巫者必須專精致志，敬肅中正，且是聖智聰明的人始得為之，條件至高，在人民大眾中精選方可得到。其緣故大抵因初民相信神祇有至高無上的威權，也有聖潔無瑕的品格，自然只有聖潔無比的人，方有資格接近神祇，或以他的精誠感召神靈。初期巫者所以具有崇高的地位，就因他具備此難能可貴的條件，且從事氏族所理想的重要工作；然而由於社會條件的演變，到了後來，不一定是聖智聰明的人也當起巫覡來，導致良莠不齊，終於造成「民匱於祀，而不知其福」的現象。

由上引觀射父話的末二句，可知巫者一個主要的職事是制定諸神所處祭位，次其尊卑先後順序，並負責祭祀用的犧牲、器具及四時的祭服等事項。因祭祀為巫者最重要的職責，所以有關祭祀方面的知識——含鬼神的歷史和性質等專門知識必須相當豐富熟悉，如《莊子・人間世》云：

> 故解之以牛之白顙者，與豚之亢鼻者，與人之有痔病者，不可以適
> 河，此皆巫祝以知之矣，所以為不祥也，此乃神人之所以為大祥也。

巫祝陳芻狗、選牛豚以祠祭解除，必妙選毛色精純的，以展現誠意，庶可冥感鬼神，如白額不騂的犢，高鼻折額的豚及痔漏穢病的人，三者既不純良潔淨，故不可充當河祭的東西，凡此皆巫祝所知悉的事。巫祝須懂得祭祀各項

〔註19〕此為筆者於 1986 年春天前往雲林縣鄉下某一小村落訪查一位乩童所得結果。

知識，此爲其明例。

　　各氏族在一定的節日或祭祀活動上，往往要由巫者來講述氏族的歷史和遷徙路線，以及種種神話、傳說，或由巫者領唱該氏族開天闢地創世史詩，歌頌始祖及氏族英雄史詩，故巫者對其氏族的歷史及神話傳說也須知之甚詳。而巫者在祭祀時，爲祈求鬼神賜福祛禍，帶來氏族的平安與豐收，往往口念祝詞與贊語；又巫者爲人驅邪看病時，也多口念經咒並作法，故其本身須熟記各種成套的祭詞與咒語。《禮記·禮運》稱：「祝嘏辭說藏於宗祝巫史」，因口中念念有詞的「祝詞」或「咒語」，有其魔力，具神祕性，不可對外公開，所以都由巫祝保存收藏，並代代相傳下來。除祭祀方面知識外，巫者也從事卜筮，故對天文、星象等知識也須了解；另巫又兼行醫，治人病疾，故對於各種草藥的產地、特性及療效，須加以掌握，醫學知識自必高人一籌。

　　在文字發明以前，氏族的神話故事和歷史傳說，各種祝詞和經咒及祭祀、卜筮與醫藥方面的知識，因尚無可供複雜記事用的文字，只能憑「口誦心記」，「口耳相傳」下來，故巫者記憶力要特別強，譬如所念咒語，字字句句務求準確無誤，稍有訛誤或遺漏，則將不靈驗；而驚人的記憶力，也是取得群眾信服的一個妙方。又此處記憶力乃係經由「口舌」予以展現出來，故巫者又須富幻想力，口才出眾，能說善道。《周易·說卦》云：

　　　　兌爲澤、爲少女、爲巫、爲口舌、爲毀折、爲附決；其於地也，爲

　　　　剛鹵、爲妾、爲羊。

其中「爲巫」，孔穎達疏爲「取其口舌之官也」。因「兌」字的形義與「祝」、「說」相關，《說文》八篇下：「兌，說也。」惟段注：「說者，今之悅字，其義見易。」此處釋「兌」爲「巫」，大抵以巫在幽暗處以言詞悅神而來。巫必善於言語，實是出自需要。

　　巫又須善於歌舞，因歌舞更能表達感情，以感動神。《周禮·春官》記女巫的職掌有「凡邦之大烖，歌哭而請。」又《尚書·伊訓》云：「敢有恆舞于官，酣歌于室，時謂巫風。」故巫者須是歌手；而《說文》釋「巫」爲「以舞降神者」；《周禮·春官》記「司巫」的職掌之一爲「帥巫而舞雩」，巫在事神時，爲取悅神，常是手足舞蹈，故他們也是舞蹈專家。由此也可推知，巫者必須懂得音樂與樂器方面的常識。所以近代中外學者，多數都主張藝術起源於「巫術」。

　　《論語·子路》記載孔子的話說：「南人有言曰：『人而無恆，不可以作巫醫。』」此「巫醫」的意義之一係指「祝由」，因上古祝由爲一神祕魔術，

學習此術者必須克己自制,有高度的忍耐力,能集中精神,並持之以恆,始克奏效。由此南方人的成語,可知巫者須具相當的恆心與毅力。而巫者這一行業,本來就其他傳統的禁忌與戒律須要遵守,所以須有克己功夫,不得從心所欲;另巫者主持的某些巫術禮儀——如祈雨、禳災、除病等,其過程繁複冗長,非一次或一、二日所能完成,如無恆心,半途而廢,則因誠意不足,鬼神豈會點頭同意其所祈求?可見「有恆」也是巫者須備的條件。

以上所述巫者須是聰慧聖潔的人,須具備祭祀、卜筮及醫藥等方面的知識,熟悉鬼神及氏族的歷史與神話傳說,並且記憶力、幻想力特強,口才極佳,而又能歌善舞,並有恆心毅力等等,乃係先秦時代一般正統巫者所應具備的條件,也只有具備如此條件的巫者,始能順利進行其職事,完成其任務;至於像後世部分專門從事迷信活動,故弄玄虛,招搖撞騙的巫師,則為此一行業中的末流,而非巫師的真相。

第三節　巫者之服飾、形象和道具

任何一種宗教都要利用其儀式、道具與服飾來體現自己的宗教觀念,旁人也得以藉此瞭解他們與超自然接觸的方式,所以巫者一般都具有與常人相異的特殊形象。從宗教的角度來看,巫者穿上神衣,繫上腰鈴神裙,頭戴神帽,腳著神鞋,拿起神鼓後,儼然神的裝扮,成為神的化身。或許正須如此裝扮,諸神方願降附,巫者始得成為神的代言人,上下於天,施行神術,可見巫的服飾裝扮,實為巫術儀式中的重要部分。以下謹就巫者於行事時所穿著服飾及其特殊形象暨所使用的各種道具等項略作探討。

一、巫者之服飾

先秦典籍對於巫者服飾裝扮的記載,除《楚辭》外,並不多見。〈離騷〉:「製芰荷以為衣兮,集芙蓉以為裳」,又〈少司命〉:「荷衣兮蕙帶」,荷衣蓉裳即為祭儀中靈巫的服飾,可象徵高潔的隱者之服,也可以說是模仿彭咸等神巫之服——因與投水的傳統有關。〔註20〕此節〈湘夫人〉也有「築室兮水中,葺之兮荷蓋」的話可相參證。另〈東皇太一〉:「靈偃蹇兮姣服,芳菲菲兮滿堂」。〈雲中君〉:「浴蘭湯兮沐芳,華采衣兮若英」及〈大司命〉:「靈衣

〔註20〕參見李師豐楙著〈服飾、服食與巫俗傳說〉乙文,頁85,《古典文學》第三集。

兮被被，玉珮兮陸離」等均爲〈九歌〉中靈巫服飾的記載。因時代久遠，此等服飾的顏色、式樣如何，已無法完全考知。

在巫的發展過程中，中原地區因爲文化發達，巫的地位不高，巫的面紗不十分神祕，使得占巫的傳統逐漸喪失，而邊區則保存較原始的古巫原貌，此可由近代學者對邊區各民族所作田野調查資料獲知。例如清代何秋濤氏曾對當時北方薩滿的穿著佩飾有所描述：

> 降神之巫曰薩麻，帽如兜鍪，緣檐垂五色繒，條長蔽面，繒外懸二
> 小鏡如兩目狀，著絳布裙，鼓聲闐然，應節而舞。〔註21〕

此記清代薩滿部分穿戴服飾，偏重在帽飾部分的描述，如懸二小鏡，自有其巫術用途，此與一般帽子不同之處。民國以降，邊疆少數民族仍都保留傳統的巫師服飾，這些服飾，均係古巫世代相傳所遺留，以今視古，應可推知古代巫師的服飾情形。例如，近人凌純聲氏在所著〈松花江下游的赫哲族〉〔註22〕一文中即蒐集不少巫師使用的道具及服飾資料，另外大陸學者目前對於東北赫哲族的研究成果已頗爲可觀。茲先就服飾部分參引凌氏之文及圖片如次：

其一爲「神帽」：巫師神帽代表兩種意義，即巫師的「等級」與「派別」。不同等級派別的巫師，其神帽之形式及裝飾等均不相同。神帽的飾物通常爲羽毛、鹿角、小搖鈴及小銅鏡等。例如圖 2 爲五叉鹿角神帽，又圖 3 爲通古斯人的鹿角神帽。

圖 2：五叉鹿角神帽　　　圖 3：通古斯人的鹿角薩滿神帽（採自 Jecheison: *The yukaghir and the Yukaghirized Tungus*）

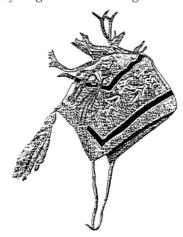

〔註21〕見何秋濤著《朔方備乘》卷四十五。
〔註22〕刊載於中央研究院歷史語言研究所單刊甲種之十四，民國 23 年，南京。

其二為「神衣」：衣長五十八公分，形似對襟馬褂，正面縫貼有以軟皮剪成的蛇六條，龜、蝦蟆、四足蛇、短尾四足蛇各兩隻，背面較正面少短尾四足蛇兩隻。如圖4為神衣正面，圖5為神衣背面。

圖4：神衣正面

圖5：神衣背面

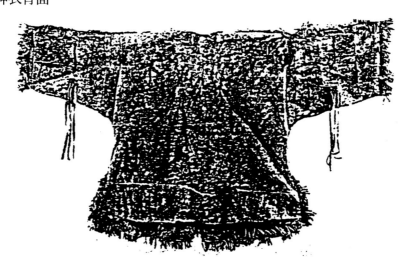

其三為「神裙」：神裙的式樣甚多，裙上附屬品的多寡，亦視巫師的品級而定。裙上有數十條飄帶，三、五條皮帶，前幅裙上繫縫有鈴鐺、銅鏡、龜、蛇、四足蛇、求子袋等飾物，後幅裙上只有鈴鐺，別無他物。如圖6為神裙正面，圖7為神裙背面。

圖 6：神裙正面

圖 7：神裙背面

　　其四爲「神手套」：赫哲人從前用烏龜皮做手套，現在改用麕鹿皮，染成
紅紫色。式樣和普通手套相似，長廿四‧五公分，惟邊緣緄有黑皮邊鬚。兩
手套上各縫有龜一隻，四足蛇兩條。如圖 8。

　　其五爲「神鞋襪」：赫哲人從前用蛙皮做鞋，現在改用野豬皮或牛皮，式
樣和普通魚皮鞋相同，長廿七公分，鞋頭緄有黑皮邊鬚，鞋幫鞋根亦縫有皮
鬚，鞋頭面繫有鈴鐺一個。如圖 9。巫師有時也穿神襪，以麕鹿皮做成，式樣
與鞋相似，惟多一短統。前頭邊緣緄有黑皮邊鬚，中間縫有黑皮剪成的龜形。
長廿四公分。如圖 10。

圖8：神手套

圖9：神　鞋

圖10：神　襪

　　其六為「腰鈴」：以長約十八公分的圖錐鐵管，分兩個或三個為一組，穿在一小鐵圈上，用皮帶扣在一片長四十二公分的黃牛皮上。牛皮分兩層，中間穿一皮帶以便結在腰間，如圖11。巫師在跳神時，腰鈴隨之搖擺作聲，與鼓聲相應。圖12即為裝束腰鈴的巫師。

圖11：腰　鈴

圖12：薩滿裝束腰鈴

　　由上所述巫者的服飾裝扮，大抵可推知巫者的模樣；而巫者所有服裝飾物，都具有其特殊的意義及一定的作用，其詳情如何，尚待進一步考察。

二、巫者之形象

　　巫者的形象，先秦典籍記載也不多，《山海經・海外西經》：「巫咸國，在女丑北，右手操青蛇，左手操赤蛇，在登葆山，群巫所從上下也。」這裡記載巫者的形象甚爲奇特，可能登葆山多蛇，而巫有法術制蛇；又〈海外東經〉也記載：「雨師妾在其北，其爲人黑，兩手各操一蛇，左耳有青蛇，右耳有赤蛇。一曰在十日北，爲人黑身人面，各操一龜。」此雨師妾（如圖 13）疑即一祈雨女巫，也操蛇或龜，並以蛇作耳飾；另〈海內北經〉也有：「蛇巫之山」，足見蛇爲巫師重要象徵，堪稱爲巫師的標誌。古巫何以操蛇？可能和古代的「圖騰」有關，蛇也許就是古代某一氏族的「圖騰」；也有可能因蛇有毒，古巫以蛇毒爲治病用物，以毒攻毒，或以蛇做成藥，或浸在酒裡做藥酒，藉以醫治病人；而蛇會蛻皮，象徵生命力的回復更新，古巫師以蛇爲標誌，正顯示其有起死回生的能力。〔註23〕

圖13：雨師妾（轉引自袁珂著《山海經校注》頁 263）

　　周代職官中與古巫關係密切，專掌驅邪逐疫的「方相氏」，其本質亦爲巫。《周禮・夏官》云：「方相氏掌蒙熊皮，黃金四目，玄衣朱裳，執戈揚盾，帥百隸而時難，以索室毆疫。」此「方相氏」即爲戴「黃金四目」的假面具的

<hr />

〔註23〕參見周策縱著《古巫醫與『六詩』考》第二章，頁96。

巫師，他披著熊皮，係為了不被精靈識破真面目，而所穿黑衣紅裙，疑與當時傳統俗尚有關，《禮記‧檀弓上》即記載：夏后氏尚黑，殷人尚白，而周人尚赤。而衣服漆黑，益可增添其神祕性，裙子色紅，可能也有避邪作用。據此所見方相氏的外形至為怪異，而又全副武裝，率領眾人，狂呼亂舞，無所忌憚地進入室內毆打疫鬼，驅除邪祟。

根據信陽楚墓「錦瑟圖案」可見巫師的形象有三種：

第一種身穿紅色長衣，袖口略束，頭戴黃色的、前有鳥首、後有鵲尾的帽子，雙手似鳥爪，各持一蛇，似在執行巫術。

第二種身穿銀灰色大衣，頭戴黃色高頂上平細腰的帽子，雙手合持一法器，佇立在蟠曲的蛇身上面，似乎在顯法降靈。

第三種形體奇異，扁頭、粗頸、大腹，腹前有一龍首，左側持立一龍身，而巫師兩腿微啓，臨危不懼，作緩步前進狀。〔註24〕

以上前兩種巫師均著大衣，所戴帽子的形式及飾物都很別緻，飾有鳥首鵲尾，或為鳥類圖騰，或和飛昇有關；而第一種巫師雙手操蛇，第二種巫師則駕馭在蛇身上，均與蛇相關，顯示前述《山海經》所記巫師的操蛇習俗流傳久遠。此外，身體畸形者易被選為巫，由第三種巫師的怪異形象，也可得到印證；其腹前有龍首，左側有龍身，大抵因龍是「四靈」〔註25〕之一，是傳說中極其神祕的靈異動物，會飛，古巫常騎之遨遊四海，此處或與巫師升天有關。又所稱「兩腿微啓」、「緩步前進」，即指巫師正以「巫步」作法，施展巫術之意。

在祭典中，巫者的形象是與常人異樣的，此可自《楚辭‧九歌》中考知。〈九歌〉為巫覡的祭歌，由巫覡主持祭典儀式，並由男女巫分別歌唱或舞蹈，且由巫扮演神靈，故〈九歌〉中所見巫者都是穿著瑰麗神服，佩帶奇詭飾物，散發異香，並緩歌漫舞，來去輕盈的，如：

靈偃蹇兮姣服，芳菲菲兮滿堂。(〈東皇太一〉)

靈連蜷兮既留，爛昭昭兮未央。(〈雲中君〉)

九嶷繽兮並迎，露之來兮如雲。(〈湘夫人〉)

露衣兮被被，玉佩兮陸離。(〈大司命〉)

〔註24〕見裴明相著〈楚人服飾考〉，收錄於《楚文化覓蹤》，頁292，中州古籍出版社出版，1986年7月第一版。

〔註25〕《禮記‧禮運》：「何謂四靈？麟、鳳、龜、龍，謂之四靈。」即四種靈異動物。

乘水車兮荷蓋，駕兩龍兮驂螭。（〈河伯〉）

由此可見，〈九歌〉中的巫的造型是詭異的、非人間美的。〔註26〕

三、巫者之道具

道具也是巫者施術作法之時所使用。其種類繁多，視不同場合及用途而有區別。巫者使用道具的目的，不外饗神、喚神、降神及送神，或者避邪、鎮邪、驅邪、甚至殺鬼等兩大類。茲就巫者從事祭祀、驅（避）邪、醫病及占卜等活動時所使用之道具擇要述之。

從甲骨文的「巫」字作「十」來看，前述唐蘭、李孝定及周策縱三位學者對「十」字認定的觀點不一，然以它為巫者所用的「道具」則意見一致。這是因「十」的制字，本象「道具」之形，周氏以「十」為「玉」，較可信從，因祭祀為古巫的首要工作，而玉為古巫祭祀的主要道具，可饗鬼神，除邪辟惡，抵禦不祥，並可避水火之災。〔註27〕玉為人類與靈界交通的工具，古人認為：清明之玉氣可與神通，故為古巫祭祀時所使用。又卜辭中頗多記載古人以牲血為祭祀用物，認為牲血——尤其是犬、豕、羊家畜的血最具巫術能力，可以被禳一切，〔註28〕故牲血也是古巫祭祀被禳時所用的東西。

古巫在祭祀或跳神時，多使用鼓。如：

坎其擊鼓，宛丘之下。（《毛詩·陳風·宛丘》）

鼓鐘送尸，神保聿歸。（《小雅·楚茨》）

列其琴瑟管磬鐘鼓，脩其祝嘏，以降上神與其先祖。（《禮記·禮運》）

以雷鼓鼓神祀，以靈鼓鼓社祭，以路鼓鼓鬼享。（《周禮·地官·鼓人》）

凡大禋祀，肆享祭示，……令鐘鼓。（《周禮·春官·大祝》）

此外，《楚辭·九歌》中用鼓的記載頗多，如「揚枹兮拊鼓」〈東皇太一〉、「緪瑟兮交鼓」〈東君〉、「援玉枹兮擊鳴鼓」〈國殤〉、「成禮兮會鼓」〈禮魂〉等均為古人或古巫於祭祀降神時用鼓的記載。

周策縱氏認為古代神巫「巫彭」和「巫相」的命名似取義於鼓，略謂：《說

〔註26〕見李師豐楙著「屈原與楚辭」講義，頁31。

〔註27〕如《左傳》昭公十七年記鄭裨竈言於子產曰：「……若我用瓘斝玉瓚，鄭必不火。」《國語·楚語下》記王孫圉語云：「玉足以庇廕嘉穀，使無水旱之災，則寶之。」等均是。

〔註28〕參見陳夢家著〈商代的神話與巫術〉乙文，頁573，《燕京學報》第二十期。

文》壴部：「彭，鼓聲也。」甲骨文彭字「壴」象鼓形，三撇或五撇表示聲音；相的本義，當是一種用手拍的小鼓或用木擊的節奏。〔註29〕由此可見巫與鼓關係密切，鼓爲巫者主要道具，用以喚神、降神及送神等等。又卜辭中稱外寇入侵之事爲「來皷」。「皷」字卜辭作「🔲」，象女巫坐於鼓前之形。古代戰爭是隨著軍鼓之聲而展開的，而鼓聲的音響是具有決定軍隊勝敗的咒力。從「皷」的字形觀之，古代在軍前擊鼓者似乎是女巫，如在郊望的祭禮所述，有舉行三千媚女向著敵方齊聲厭勝（咒詛）的望之儀式，這些媚女也是女巫。〔註30〕

　　先秦巫者所用鼓的形式、花樣如何，恐怕不易考知；惟近人凌純聲氏對「松花江下游的赫哲族」所作田野調查，對現代薩滿所用的鼓有詳細的描述如下：赫哲薩滿用的鼓比一般人家的鼓大很多，其鼓面如圖14，鼓背如圖15，長八十二公分，鼓面繪蛇、四足蛇、蝦蟆各二隻，龜一隻；鼓背以一銅圈爲中心，用四條皮帶分結於鼓緣，銅圈即爲持鼓的把手。另又有鼓槌，製作很精緻，以旱柳木、樺木等作槌心，槌面包水獺或鼹皮，槌背有的亦刻蛇、龜等動物圖案，如圖16的五根鼓槌，中間一根最長，約四十公分。另葉尼塞神鼓鼓面如圖17、鼓背如圖18及阿爾泰神鼓鼓面如圖19、鼓背如圖20，均頗別緻，巫術意味很濃，各種圖案均具其特殊意義。〔註31〕

圖14：薩滿神鼓鼓面　　　　　圖15：薩滿神鼓鼓背

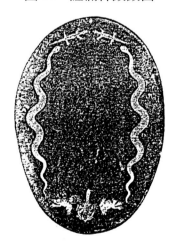 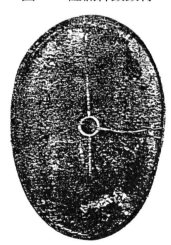

〔註29〕見周策縱著《古巫醫與『六詩』考》，頁181～182。
〔註30〕見白川靜原著，加地伸行、范月嬌合譯《中國古代文化》，頁136～137。
〔註31〕錄自凌純聲著〈松花江下游的赫哲族〉乙文插圖，刊於中央研究院歷史語言研究所單刊甲種之十四。

圖 16：鼓　槌

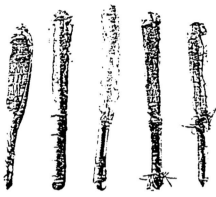

圖 17：葉尼塞神鼓鼓面

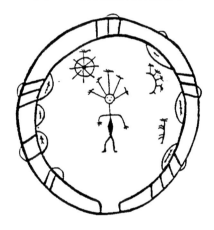

圖 18：葉尼塞神鼓鼓背

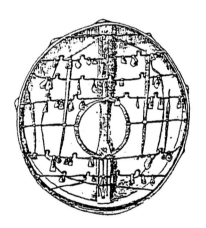

圖 19：阿爾泰神鼓鼓面

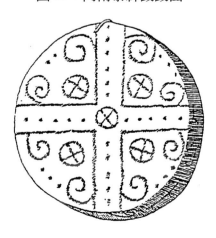

圖 20：阿爾泰神鼓鼓背

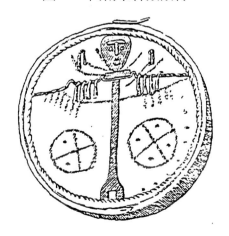

其次，巫者驅邪殺鬼所用的道具種類也頗不少，如《山海經・海內北經》云：「蛇巫之山，上有人操柸而東向立。」郭璞注：「柸或作棓，字同。」按「柸」即「桃棓」，《淮南子・詮言》云：「羿死於桃棓」，高誘注云：「棓，大杖，以桃木爲之，以擊殺羿。由是以來，鬼畏桃也。」是知蛇巫山上的人乃是巫者，操柸即持著桃棓，「桃杖」自爲巫者驅邪殺鬼的用具，今人於過年時，往往於門牆張貼桃符，正有避邪之意。另劍也是巫者常用的去邪道具，如《楚辭・九歌》所述的祭典，靈巫的打扮或是「撫長劍兮玉珥，璆鏘鳴兮琳琅」〈東皇太一〉，或是「登九天兮撫慧星，竦長劍兮擁幼艾」〈少司命〉，王逸說是靈巫「常持好劍以避邪，要垂衆佩，周旋而舞，動鳴五玉，鏘鏘而和，且有節奏。」這是符合靈巫的身分及寶劍的功能的。寶劍本爲殺伐的凶器，依據反抗巫術「以凶制凶」的同類相治原理，成爲辟邪之物，服御寶劍在〈九歌〉裡是儀式中的辟邪神物。〔註32〕這種情形在今日臺灣民間也是一樣。現今臺灣乩童所使用的去邪道具，主要的有：鯊魚劍、七星劍、月眉劍、銅棍及刺球等五項，〔註33〕顯示巫者用劍辟邪至爲普遍。

另外，鏡也是巫者的辟邪用具，大抵因鏡可照見妖邪，使其原形畢現，無所隱遁，民間小說即多有所謂「照妖鏡」。一般巫者在神帽及神裙上均縫有小銅境，胸前及背上則掛有大銅境，用以保護其頭、胸（心）及背等部，如圖21：a. 爲護背鏡、b. 爲護心鏡、c. 爲護頭鏡。〔註34〕又清人何秋濤氏記述北方薩滿也使用鏡作爲道具：

降神之巫曰薩麻，……繪外懸二小鏡如兩目狀，……其法之最異者，能舞馬於室，飛鏡驅祟；又能以鏡治疾，遍體摩之，遇病則陷肉不可拔，一振蕩之，骨節皆鳴而病去矣！〔註35〕

此記鏡甚具神力，不僅可驅祟，而且可治疾——身內邪祟。此外，巫者以神刀、神戈、神矛等利器作爲驅鬼殺邪的道具，則是眾所習見的。

〔註32〕見李師豐楙著〈服飾、服食與巫俗傳統〉乙文，頁83～84，《古典文學》第三集。

〔註33〕此亦爲筆者於1986年春訪查雲林縣鄉下乩童所獲的結果。

〔註34〕錄自前揭凌純聲著〈松花江下游的赫哲族〉一文插圖。

〔註35〕見何秋濤著《朔方備乘》卷四十五。

圖21：神　鏡

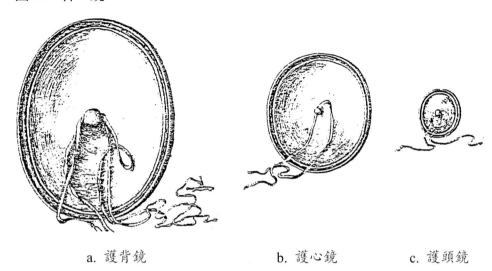

a. 護背鏡　　　　　　　b. 護心鏡　　　　　　c. 護頭鏡

　　古代巫者替人治病，除祝禱外，也常使用道具，如「鈴」是古巫醫的主要咒具，舞樂的「樂」字小篆作「𣬉」，是巫醫用於醫療的鈴形樂器的象形字。鈴聲叮噹，清脆響亮，似乎是鎮魂之咒具，又是喚神的道具。與鼓、鐘、鉦、鑼等器具一樣，最初是用於降神及送神之器，後來才被當作樂器。又如《韓詩外傳》云：「茅父之爲醫也，以莞爲蓆，以芻爲狗，北面而祝之」（卷十），此《說苑‧辨物》也有類似的記載，據此則上古巫醫茅父所用治病道具有「莞蓆」及「芻狗」。又《淮南子‧說山》云：「病者寢席，醫之用針石，巫之用糈藉，所救鈞也。」高誘注云：「糈，米，所以享神；藉，菅茅，皆所以療病，求福祚。」〈離騷〉亦記：「巫咸將夕降兮，懷椒糈而要之」，此處記古巫治病，除「菅茅」（民間習俗認爲茅草有巫術作用）外，尚用「糈米」，目的在邀神降臨享用。另外，古巫也以「針石」爲治病道具，《山海經‧東山經》云：「高氏之山，其上多玉，其下多箴石。」郭璞注：「可以爲砥（砭）針治癰腫者。」古巫即持此類砥針從事針刺的醫術，疑此即我國針炙術的起源。古代名巫「巫咸」、「巫抵」及「巫更」的命名，疑均和針刺有關，〔註36〕可見「針砭」也是古巫醫病道具。

─────────────────────

〔註36〕　「巫咸」的「咸」就是「箴」、「鍼」的古字；「巫抵」的「抵」可能和可針刺的「砥」意義相似，「巫更」的「更」疑爲「鯁」或「梗」的初文，仍有針刺之義。以上參見周策縱著《古巫醫與『六詩』考》，頁157～165。

圖22：占卜用龜甲殼

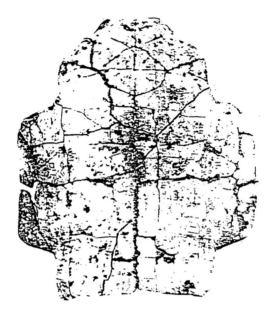

　　古代巫者用以占卜的器物，最常見者爲龜甲、獸骨和蓍草。《禮記・禮運》記載龜爲「四靈」之一，龜甲上圓法天，下方法地，龜命長久，故《周易・繫辭》云：「探賾索隱，鉤深致遠，以定天下之吉凶，成天下之亹亹者，莫大乎蓍龜。」古巫即用龜的甲殼加以鑽鑿灼燒，以其破裂的兆紋視其吉凶。《荀子・王制》以「鑽龜陳卦」爲「傴巫跛擊」之事。如圖22即爲古巫占卜用的龜甲圖版。又蓍草爲多年生草本植物，壽命甚長，故能辨吉凶，《周易・說卦》云：「昔者聖人之作易也，幽贊於神明而生蓍」；《說文》釋「筮」字爲「易卦用蓍也」，以蓍草占筮吉凶，盛行於宗周，故蓍草爲周代巫者卜筮道具。另〈離騷〉云：「索藑茅以筳篿兮，命靈氛爲余占之」，此處所記戰國楚地巫者所用占卜的道具有「藑茅」── 爲一種靈草及「筳篿」── 裝在圓竹器內的小析竹，「篿」爲竹筒（名詞），王逸注「篿」爲楚人用草和小析竹占卜（動詞），似有不妥。而巫覡占卜道具一般不輕易示人，爲求保密起見，大抵存放箱內，如臺灣排灣族的巫覡將占卜道具貯藏在一木箱內，箱面雕刻頗具巫術意味，此種巫師箱似可視爲廣義的道具。如圖23及圖24。〔註37〕

〔註37〕錄自徐人仁著〈排灣族的巫師箱〉一文插圖，民國51年秋季，國立中央研究院民族學研究所集刊第十四期。

圖 23：以人頭為正面中心文樣的巫師箱

圖 24：蜷蛇圍繞人頭文樣的巫師箱

第四節　巫者施術之種類及跳神經過

一、巫術種類

　　巫者為溝通人神，和神靈打交道，通常要有一套神祕的巫術；巫者之所以神祕、具有與眾不同之處，就在於他掌握了種種成套的巫術。

　　原始巫術形式很多，在外國也一樣，有祈求式、反抗式、詛咒式、比擬式、接觸式、禁忌式、靈符式等等，這是就具體方法而言；如按性質劃分，基本上可分為兩大類：一類是對善神採取尊敬、屈服、討好等懷柔手段，企

望祖靈或鬼神保佑，降福免災；一類是對惡鬼採取歧視、咒罵、驅趕等強硬手段，直接清除鬼祟，以避免禍害，獲得平安。〔註38〕

　　如依施用巫術目的分，也可分爲兩大類：一類是白巫術（White magic），是正的巫術，旨在助人，凡爲人祈福、消災、治病、求子、催生及帶來漁獵豐收等爲自己或他人謀利益的巫術均屬之；一類是黑巫術（Black magic），是邪的巫術，旨在害人，凡嫁禍他人，使人生病，甚至死亡等謀害他人生命財產、令人雞犬不寧的巫術均屬之。前者將巫術用於正途，帶來好的結果；後者則用於邪途，帶來凶禍災害；正善或邪惡，端看巫者施術的動機與目的。

　　英國民俗學家、人類學家兼宗教史學家弗雷澤爵士（Sir James Frazer）在其所著分析原始巫術的著作《金枝》（The Golden Bough）一書曾說：

　　　　巫術所依據的思想原則，基本上可分解爲兩種：一是所謂同類相生，或謂結果可以影響原因。第二是接觸過的物體，在脫離接觸以後，仍然可以繼續互相發生作用。前者稱爲相似律，後者稱爲接觸或感染律。根據相似律，通過模仿，就可以產生巫術施行者所希望達到的任何效果；而根據接觸律，巫術施行者可以利用是他身體的一個組成部分，也可以不是他身體的一個組成部分。前一種巫術稱之爲「模仿巫術」；後一種稱之爲「交感巫術」〔註39〕

以上弗雷澤依據巫者施用巫術的方式，將所有巫術分爲模仿巫術（Imitative magic）及接觸巫術（Contagiovs magic）兩種，茲再略加說明如次：

　　所謂「摹仿巫術」是一種以相似事物爲代替品求吉或致災的巫術手段。如古代墓葬陶木俑以代替眞人殉葬的做法，即具摹仿巫術的意味，又如《史記·封禪書》記載：周靈王時，明鬼神事的史官萇弘把「貍首」象徵著不來朝周的諸侯去射他，結果諸侯不從，他本人被晉人所殺，此即爲典型的摹仿巫術，又道家書《太公金匱》中也有此類似的記載。〔註40〕再如在法國發現舊石器時代中矛、中箭的野獸洞壁畫，實亦爲摹仿巫術的繪畫，目的在祈求狩獵豐收；另外，如漢代有名的「巫蠱之獄」，係在宮中埋木偶消災所引起的，也是摹仿巫術的一種。在民間巫術中有「替身法」──用泥塑木雕人偶或綁草人，附上人名及生辰八字後，或火燒，或投水，或針刺刀砍，以替代某人

〔註38〕見杜耀西、黎家芳、宋兆麟合著《中國原始社會史》，頁491，北京文物出版社。
〔註39〕轉引自劉鐵華著〈圖騰與藝術〉，《河南大學學報》，1987年第二期，頁98。
〔註40〕《繹史》卷二十引《太公金匱》云：「丁侯不朝，太公畫丁侯射之，丁侯病困。」

死亡，或再弄術四十九天或八十一天以後，就可以加害於人，使人生病，致敵手於死地，這是後世流行的摹仿巫術，先秦時代，尚未見記載。

而所謂「接觸巫術」則是一種通過對某人或某物的一部分，或他們接觸過的衣物、器具，甚至走過留下的足跡等施行巫術，以達到影響某人或某物的目的。如古代有踩男人足跡而懷孕的「感孕」之說，〔註41〕即有接觸巫術的意味；《詩經·小雅·何人斯》中記有「蜮」這種名叫「射工」或「射影」的怪物，據說會居水中，含沙以射人影，人則生病。因人的形影不離，傷影即形同傷人，故此「含沙射影」即爲「接觸巫術」的一種。在民間的巫術中也有所謂「移病」之法，如將曾放置於患者病痛處之錢幣、金飾等貴重器物丟置路旁，任人撿拾，因此物曾接觸病患，病痛便由它轉移到撿拾者身上。另有害人的黑巫從所要謀害人的身上取幾根頭髮、指甲、牙齒、心愛之物及穿過的衣服碎片等施行巫術，即可加害對方，均爲典型的接觸巫術。〔註42〕

除以上兩種巫術外，另有一種「反抗律」所施行的所謂「反抗巫術」也常爲巫者所使用。此種巫術係以「厭勝」（壓勝）爲基礎，對外來的自然力直接採取對抗手段，認爲可以較高的法力來壓制較低的魔力，使對方無法發揮、甚至喪失巫術作用。人們帶的護身物、護身符、吉祥袋、壓勝錢及貼在門上、掛在牆角、車內種種避邪物等均屬於這一類。《莊子》所謂「小巫見大巫，拔茅而棄」，就因大巫法力高強，罩得住小巫，逼得使小巫拔茅逃走，另起爐灶，此一成語即爲「反抗巫術」應用結果所流傳下來的。

先秦時代，巫風鼎盛爲不爭的事實；惟先秦典籍有關巫術種類的記載，直如鳳毛麟角，頗難加以系統分類。上述巫術種類，是一般性、原則性的，其中並舉部分後代的巫術爲例，乃因其爲古代巫術的「遺跡」，或古代巫術進一步演化的遺留。根據進化原理，先秦時化應該也有類似的巫術，只是其名目沒有後代繁多。

二、巫者跳神經過

巫者施行巫術，通常有一套儀式和行動；而巫術儀式，一般都在極爲神祕化的氣氛下進行；其基本程序由古至今變化不大，大抵有下列四項：一、

〔註41〕如《史記·周本紀》記周代始祖棄之母親姜原出野，踐巨人跡而身動如孕，居期生子即屬之，古籍類此記載很多。

〔註42〕參見烏丙安著《中國民俗學》，頁 284～285，遼寧大學出版社。

巫師禱祝；二、神靈下降；三、神靈自述，降達旨意；四、神去靈歸。巫者即通過上述儀式祈神保佑，或醫治病人，或驅鬼招魂，或卜筮吉凶，或加害仇敵等。而巫者自稱有感召精靈的力量，是神的代言人，故其雖為整個儀式的主角，然如神靈不降附指示，整個儀式將無法進行；是以神靈降臨後的言語、思想及動作──即所謂的「跳神」過程，實為巫術儀式的重心，所以一般又將巫術儀式總稱為「跳神活動」。

巫者進行跳神活動時，總是以不尋常的激情、幻想及幻覺來進行，甚至以神經質的、半昏迷狀態的、奇特的語言、不同凡響的聲調、姿態與動作表演來進行；而通常都演作得維肖維妙，使旁觀者相信神確已降附巫者身上，以他的身體動作，借他的嘴唇發言。反過來說，巫者如以平常的言語、音調及動作來進行巫術活動，在旁觀者看來，似乎不過是巫者的作為，並非神的行動，則其號召力降低，難以取信於人。故特異的語調與動作，實為巫者跳神活動所必需。

古代氏族在進行祭祀活動時，通常都由巫者來跳神。巫者穿戴神衣神帽，執鼓繫鈴，外形充滿神祕的色彩；首先，他靜坐或站立，雙目半開半閉，似乎陷於精神恍惚狀態，口中念念有詞，似乎在和鬼神說話，或者他的靈魂已到了鬼神的世界。其後，他模倣野獸的聲音和動作，手足舞蹈，發出熊的咆哮聲、蛇的爬行聲，加上敲擊神鼓的聲音，氏族的人們一面被巫者的狂舞、怪叫所感染；另一方面，伴隨著巫者唱的歌曲，并復述巫者的咒語，使巫者和氏族在宗教的狂熱中融為一個整體，達到了祭祀的目的。〔註43〕

又如治病的跳神活動，其內容也大同小異。一般多在夜間進行，在患者住家附近，選擇一片收拾得比較乾淨的空地作為跳神場所。黑漆漆的夜，伴著跳躍的篝火，山林的呼嘯及病人的呻吟，全副裝扮的巫者登場，左手拿著鼓，右手執鼓槌，盤坐在專設位置上，眼睛半睜半閉，在打了幾個哈欠之後，開始擊鼓，這是通知四面八方祖神降臨的信號。隨著鼓聲的急促，巫者的嘴巴開始哆嗦起來，臉也歪了，雙目緊閉，渾身打抖搖幌，牙根咬得格格作響；接著哼起無詞的曲調，鼓聲時緊時鬆，表示神靈開始向他附體，他漸漸地似乎失去主宰或知覺，一旦鼓聲嘎然停止，巫者全身大抖，在神衣的鈴鐺、銅片、貝殼等相互撞擊的鏗鏘聲響的伴奏下，巫者引吭高歌，此時祖神已進入

〔註43〕 參見蔡家騏著〈鄂倫春人的原始信仰與崇拜〉，刊於《民族學報》1982 年 12
月第二期，頁 293～295。

其身體內，借他的口詢問，並邊唱邊擊鼓，不停地來回跳躍轉圈。及至問到被認為作祟的神靈承認是其所為，並說明出於何因，需何供物等等，一般跳神儀式到此即可結束。跳神時間短則半小時，長則一兩個晚上，端視病人症狀之輕重而定〔註44〕如一次未見效，則繼續跳二次、三次等等，直到疾病痊癒，或病患家人不再請其治病為止。

　　古代典籍對於先秦巫覡降神的記載大多片斷，頗不完整，而於跳神經過，則未見記載，以致無法查考；後世以降，始漸有記述，如前揭清代何秋濤所描述的，即為巫覡跳神的紀錄。〔註45〕因巫俗歷代嬗遞，巫覡跳神活動也隨之流轉，今日臺灣民間仍有此一巫俗活動。例如個人即曾親睹臺灣鄉村巫覡（乩童）整個跳神治病的過程：

　　那是七年前在故鄉——雲林縣古坑鄉的一個小村，因家族內某一成員羅患重病，四處求醫均未見起色，只得求助於神，於是延請本村乩童前來跳神治病。晚飯過後，乩童及其稱為「桌頭」的助手到吾家，兩人對坐於正廳供桌兩旁，約莫半小時左右，乩童面部開始扭動，手足漸起痙攣，全身也不自主搖搐顫動起來，嘴唇哆嗦，開始以怪異的、小孩的聲調似說似唱起來，桌頭在一旁翻譯，並問該病係何鬼神所祟、如何醫治等等，乩童一一作答，並開列藥方，由桌頭記載於銀紙上（按：銀紙於跳神後，燒於碗水內，給患者服下）；其後，乩童持劍起舞，經過庭院，進入病患房間，以劍向四處揮砍——旨在驅邪，並在患者上方作勢比劃後，跳回正廳，收劍就坐；仍以原先聲調說了些話後，其歇斯底里的動作逐漸消弱，終至恢復正常狀況。整個跳神過程約花費一個多小時。

　　為進一步了解個中奧妙，個人爰藉機向乩童請教降神的體驗。據其告稱，神欲降附時，先以不可思議的力量，逐漸地將其灌暈，至十分滿時，頭部開始發麻，接著是手腳，終至於全身麻痺，失去知覺，此時神即附身，身體開始跳動，抖動的目的在甩掉本身靈魂，使不附身，以便專供神附身辦事。又音量聲調，每一神均不相同，當夜所降之神為「太子爺」神，故作小孩聲調。神辦完事後離去，本身靈魂回附乩童自身，即刻恢復正常狀況。然而，那次跳神過後，親屬病情顯然未見好轉，後來終於痊癒，那是北上求醫住院以後的事。

〔註44〕參見謝家琪著〈鄂倫春人的原始信仰與崇拜〉，刊於《民族學報》1982年12月第三期，頁293～295。

〔註45〕同前所引述何秋濤著《朔方備乘》卷四十五。

鑑往得以知來，以今當可視古，先秦巫覡跳神經過，雖未見載於典籍，然其主要過程，應與上述類似，畢竟近代巫覡的跳神活動，仍是古代巫俗的遺留。

第五節　巫者存在之原因

中國古代社會中，巫者甚為活躍，在無數的青銅、陶瓷上的繪畫、雕刻，甲骨、金石、竹簡上的文字，尤其是古代典籍——無論是經、史、子、集均曾留下巫者的蹤跡。古代社會——特別是宗周以前的神權時代，實是巫者活動的舞台，堪稱為巫師的黃金時代。

巫者自古中國文化的黎明期產生以來，迄至周秦，從未間斷——雖其地位、職能有所變動；直至今日二十世紀的文明社會，民間的巫者仍以各種面目、各項方式進行活動，影響社會、操縱人生。歷代雖有暴巫、焚巫、沈巫、絞巫等禁絕行動，然巫者頑強堅韌的生命力，顯已突破層層障礙，而根植於人心，並世代相襲下來，顯見巫者的歷史，幾與人類的歷史同樣悠久。巫者何以能存在如此長久？

任何一種事物之所以存在，必有它存在的理由，根據文化人類學和社會學家的說法，就是因為個人和社會對它有需要。所以每一種社會制度，都針對一種或數種需要；換言之，它至少具備一項社會功能，也就是能滿足一種已確立的社會需要。人類的社會需要種類很多，宗教、經濟、法律、教育、軍事、藝術、巫術、娛樂等，都是滿足人類需要的「功能」必需品，因此我們說古代巫術，自有其社會的功能。〔註46〕而古代巫術項目繁多，其社會功能是多元的。

巫者能替人治病驅邪、祈福求雨、招魂解夢，斷人吉凶等等，囊括古人生活上的主要部分——由此也可推知，在尚未開化的古代社會，人們是何等迫切需要巫師這一角色。而巫者在執行其職事時，一般均須透過鬼神；然鬼神之事，玄虛莫測，經過巫祝等神職人員的渲染，鬼神的能力無限擴大，可以主宰一切，能夠隨心所欲地給人們以幸福或災難，甚至使人死亡；而更可敬畏的，是祂們無所不在，時時監視著人們的一舉一動，是故《周易·觀卦》記載：「聖人以神道設教，而天下服矣！」古代帝王為以神權統治，本身也信仰巫術，造成人們益加敬畏鬼神，而對鬼神的化身的巫者自崇拜有加。《管

〔註46〕參見謝康著〈中國古代巫術文化及其社會功能（下）〉乙文，頁39。

子‧輕重》也說：「故智者役使鬼神，而愚者信之。」這句話正可說明智慧聰明的巫者如何假借鬼神名義來教化人民，使人們相信，以鞏固自己的社會地位。

由於人們一種心理上的錯覺及盲從的習慣，往往肯定並光大巫者巫術效力。在人類的記憶中，正面事例常掩蓋負面事例，這是我們所最熟悉的；巫術的有效事例，一傳十，十傳百，引起人們的注意與興趣，常是遠遠超過失靈的事例，而且還有其他事實，以似幻似眞的見證，支持巫術的靈效。〔註47〕如其失靈，狡獪的巫者自會設法掩飾，辯解得頭頭是道，天衣無縫，種種的「禁忌」即在此種情況下被派上用場。爲求萬無一失，巫術的禁忌至多，沖犯其中一項，巫術即告失靈，例如在施術時，不准婦女觀看，然總有一兩個基於好奇而躲在暗處窺視的婦女；又如病患房間，數日內不許閒雜人等進入，然也總有一兩人在不知情的情況下擅自闖入。適巧該次巫術失效，巫者即得著藉口，說是對方犯了禁忌，並非自己施術無效。故巫術偶而失靈，不致影響巫者的生存，而況巫術總有靈驗的時候。

據上所述，由於巫者職事及神能頗多，涉及古人生活中的主要層面，當時社會對他們殷切需要，而古聖王以神道設教，以人人敬畏的「鬼神」來監視、規範百姓活動；復因巫覡的推波助瀾，役使鬼神，使得天下莫不信服，巫覡的社會地位自然崇高；而又加上群眾的盲從暨對巫及巫術的錯覺，巫者並利用各種禁忌巧妙解釋巫術失靈的事例，故能取得人們的相信，巫術因之廣泛流傳，而巫者也就持續存在於社會。

〔註47〕見馬凌諾斯基著、朱岑樓譯《巫術、科學與宗教》，頁60。

第三章　先秦時代巫之流變及其主要活動範圍

　　在先秦社會中，巫者的地位與職能是隨著文明的發展而改變的。從我國文明的演進過程來考察，在古文化的萌芽時期，巫這種人物即已出現，有極崇高的地位，掌握著宗教文化事務；其後文明進步，理性主義抬頭，原始宗教逐漸分化出哲學、藝術、科學與文學等學科，巫的職事也分別由巫所分化的史、祝、卜、宗、工等職官來分擔；尤至戰國時代，神權更加衰落，人道主義興起，巫者地位隨之淪降，只保留著一些神祕性、技術性的職事。另外，從民族學的立場來看，任何原始民族都有巫覡，故也可說任何地區都有巫覡或類似巫覡的人物，我國先秦社會也不例外，巫的活動範圍遍布每一地區；然而地理及文化的因素，往往決定巫風的盛衰及巫俗的差異，如楚國巫風鼎盛，即是一例。本章擬先以貫時性的觀點說明巫在先秦歷史中的演變，其次述說先秦巫者主要活動範圍，以了解其活動時空。

第一節　巫之源起 ── 男巫先，或女巫先

　　上古時代，宗教和巫術混而為一，難予明確的劃分，在考察巫及巫術的起源時，幾乎也就是探討宗教的起源。研究古代宗教的學者都一致指出，初民對宇宙的了解是極其有限的，在初民的意識裡，世界是錯綜複雜而又嚴峻無情的，面對日月嬗遞、季節遷移、地震風暴、電閃雷鳴、洪水橫流、野火燎原、瘟疫流行及禽獸食人等自然現象，初民的腦海裡引起了無計其數的問號，他們無法理解各種自然現象的客觀規律和因果關係，同時對於自然現象

無能爲力，難以抵抗，於是幻想有一種可怕的、超自然的力量在支配一切，主宰萬物，也就是所謂的「天神」、「地祇」。初民十分敬畏祂們，每遇事變災害，或預期某種特殊狀況即將發生，就祈禱祂們賜福止災，然而有時並沒有效驗，於是改用詛咒驅逐的手段。當初民祈禱或詛咒之後，有時恰好靈驗，得到好的結果，他們便誤認爲這些結果是祈禱或詛咒所獲得的，幻想人們可以通過祈禱詛咒等方式達到影響自然或其他人的目的，初期的宗教──或者說「巫術」就這樣產生了。經歷幾次的靈驗，初民益發相信其間因果關係，並將這種偶然巧合所形成的假因果關係加以渲染誇張，反復流傳，最後將這種祈禱或詛咒的形式逐漸固定爲一定的儀式，並廣爲流傳，巫術就這樣代代遞嬗下來。

而巫術和巫者產生的確切時代，由於缺乏史料，頗難查考，《國語‧楚語下》記載春秋時期楚國優秀宗教思想家觀射父回答楚昭王有關兩次「絕地天通」的故事中，對巫者產生也已語焉不詳：

> 古者民神不雜，民之精爽不攜貳者，而又能齊肅衷正，……如是則明神降之，在男曰覡，在女曰巫。

而《漢書‧郊祀志》記載：「荊巫祠堂下、巫先、司命、施糜之屬。」其中「巫先」，顏師古注曰：「巫之最先者也」，據此說法，則如能考證「巫先」所處的時代，即可得知巫者產生的時代，然古籍有關「巫先」的記載甚少，難以考究。私疑「巫先」和「巫咸」有關，因古無「咸」韻，而「先」字古聲轉通「咸」，宋代吳棫作《韻補》，將《廣韻》平聲各韻歸併爲九類，而「咸」韻係歸於「先」韻類，〔註1〕以「咸」「先」兩字音近，故有可能因古人口耳相傳，而將「巫先」誤傳成「巫咸」；且因「巫咸」是古代赫赫大巫，爲諸巫的總代表，故荊巫以「巫咸」爲巫的最早祖先而予以祭祀；又《說文》「巫」字下云：「古者巫咸初作巫」，可見「巫咸」很有可能就是最先作巫的「巫先」。

然巫咸活動的時間如何？古書記載很多，說法各異，如《本平御覽》卷七九一引《歸藏》：「昔黃神與炎神爭鬥涿鹿之野，將戰，筮于巫咸。」據此，則巫咸爲黃帝時人；而《世本‧作篇》云：「巫咸作筮」，宋衷注：「巫咸，不知何時人。」又宋羅泌《路史‧后紀三》謂神農使巫咸主筮，則巫咸爲神農時人；《太平御覽》卷七二一引《世本》宋注云：「巫咸，堯臣也，以鴻術爲帝堯醫。」此巫咸又是堯時人。同書卷七九○引《外國圖》云：「昔殷帝太戊

〔註1〕 見董同龢著《漢語音韻學》第十章，頁239，文史哲出版社。

使巫咸禱於山河，巫咸居於此」，則巫咸又殷時人。上述說法多屬傳聞，較爲可信的記載，當屬《尚書·君奭》:「在太戊，……巫咸乂王家」;又《史記·殷本紀》:「帝太戊立伊陟爲相，……伊陟贊言于巫咸。巫咸治王家有成，作咸艾」;另王逸注《楚辭·離騷》亦稱:「巫咸，古神巫也，當殷中宗（按:即太戊）之世。」可見殷帝太戊時當有善於治理王家的「巫咸」其人，此說固較可信，然並非意味殷代以前沒有「巫咸」這個人。

《山海經·海外西經》有「巫咸國」，乃一群以「巫咸」爲首的巫師所組織的國家;〈大荒西經〉亦云:「有靈山，巫咸、巫即、……巫羅十巫，從此升降，百藥爰在。」又《周禮·簭人》記九簭之名:「一曰巫更，二曰巫咸，……九曰巫環。」此九簭乃以古代善於卜筮的九巫之名而名其簭法，由以上「巫咸國」及十巫、九巫均有「巫咸」的記載，可知巫咸所處之時代甚早，殷太戊時的巫咸，應只是後世名姓相同的巫者。然「巫咸」的確切時代，確已難以查考，無法得知，但有可能就是最先作巫的人。

考古學家證明，中國舊石器時代中期的人類，已有宗教意識，原始宗教於此時萌芽;〔註2〕而在山頂洞人（時約當舊石器時代晚期）的墓葬中，發現了屍骨上有赤鐵礦粉粒和隨葬裝飾品的飾終習俗，證明當時人們已有相當原始的宗教活動;〔註3〕又「舊石器晚期文化的藝術作品告訴我們，那時人們已會運用巫術，發展出各種宗教性的信仰和儀式」，〔註4〕這種在舊石器時代晚期出現巫術的情形，在西方國家也是不謀而合、如出一轍的，例如在法國 Trois-freres 洞穴的舊石器時代的壁畫中，有一著名的巫師（如圖 25）頭戴鹿角，身穿鹿皮，大約當時是以鹿爲主要獵物，故在主持祈禱獵物豐收的祭祀儀式中的巫師均穿戴鹿飾。此外，「根據法國拉斯科洞中發現洞壁上畫有中箭的犁牛的這些舊石器時代晚期的遺跡來看，早在那時就已出現了巫術」〔註5〕由上述中外考古所得結果，可知巫師這一角色，大約在舊石器時代晚期（公元前四萬至一萬四千年前）就已產生。

舊石器時代晚期是母系氏族社會初期時代。在母系氏族社會裡，世系按

〔註2〕　參見宋光宇著《人類學導論》，頁196，台北，桂冠圖書公司及楊堃著《原始社會發展史》書末附圖:「原始社會發展史綜合分期表」，北京師範大學出版社。

〔註3〕　參見孫景琛著《中國舞蹈史（先秦部分）》，頁3，北京，文化藝術出版社。

〔註4〕　見宋光宇著《人類學導論》，頁204。

〔註5〕　見楊堃著《民族學概論》，頁281，中國社會科學出版社。

女系計算，財產按女系繼承，女性是氏族的核心，氏族的首領由女性擔任，與氏族制度緊密相聯繫的宗教活動，自然也由女性來主持。她率領群眾祈求漁獵農耕豐收，祝禱全氏族的平安；遇有天災地變，她代表氏族祈求神祇賜福止災；一旦瘟疫流行，她禱祝神靈，或詛咒鬼祟。在無數次的宗教或巫術的活動中，儘管絕大多數都無濟無事，但總有偶然的巧合，在某次施巫過程中靈驗了，獲得預期的結果，她於是有了實行巫術的特殊技能，久而久之，自然就變成了所謂的「巫師」。趁著主持所有宗教活動的便利，舊石器時代晚期這些女性氏族首領（酋長）極有可能成為最早的巫師。因最初的巫術活動較為單純，女性氏族首領可能只是兼任巫師 —— 兼行所有巫術活動；隨著社會的進化，分工日趨複雜，宗教事務益形繁複，非專職人員難以勝任，從而專職巫師遂應運產生。

圖 25：舊石器時代頭戴鹿角的巫師（在法國 Trois-freres 洞穴繪於壁上）

　　我國最早的巫師，應當都是女性，因巫也許到父系氏族社會後才登上歷史舞台。《國語・楚語下》稱：「在男曰覡，在女曰巫」，韋昭注：「巫、覡，見鬼者」；又許慎《說文》五篇上釋「覡」爲會意字：「從巫見」，段注云：「見鬼者也，故從見」；另朱駿聲《說文通訓定聲》解部第十一「覡」字注云：「從巫從見，會意，如見神明也。」就造字上看，「覡」字係會合「巫」「見」二字以明「見鬼神」之意，「覡」字因「巫」字而造，必先有「巫」，後始有「覡」，此就制字先後以明男女巫產生的順序。

　　其次，男巫在行事時，特殊的裝扮即可，不一定要著女裝，惟因巫常常穿著女性服裝，如張采亮氏記湖南衡州的巫俗云：「歲晚用巫者，鳴鑼擊鼓，男作女妝，始則兩人執手而舞，終則數人牽手而舞。」〔註6〕又《太平廣記》第八三引《靈異記》云：

　　　　（許至雍）閒遊蘇州，時方春，見少年十餘輩，皆婦人裝，乘畫船，
　　　　將謁吳太伯廟。許君問曰：彼何人也，而衣裾若是。人曰：此州有
　　　　男巫趙十四者，言事多中，爲土人所敬伏，皆趙生之下輩也。

衡州、蘇州兩地所流行男巫女裝的習俗，在今日台灣民間也流傳著。〔註7〕可見此種巫俗絕非一時的興作，其由來當甚久遠，意味著最初的巫僅限於女性，男巫後來出現，故仍須仿女巫態貌，著女巫服飾。此就服裝以考男女巫產生的先後。

　　因巫者諸般行事，如祭祀、預言及除病等均不須大體力，女性本質實適合於巫的性格，便如以歌舞祈神，以容色悅神，也是女巫的專長；加之前述推論，巫最早出現於舊石器時代晚期母系氏族社會中，「巫」（女巫）的造字較「覡」（男巫）爲先，後世男巫行事也著女裝等項來看，應可斷定在我國女巫較男巫先出現，而鄰近的日本也是女巫先於男巫的。〔註8〕

第二節　夏及夏以前之巫

　　漫長的原始社會，是巫者誕生和成長的搖籃，因資料的缺乏，此時期的巫者，僅能試作臆測；巫者形成之初，職能較少，隨著社會的日趨複雜，分

〔註6〕　見張采亮著《中國風俗史》第三編「巫覡」。
〔註7〕　筆者曾於 1987 年在台南縣南鯤鯓廟遊覽時，親見正在跳舞行事的乩童（男巫）數人，均著女性衣裙。
〔註8〕　參見日人藤野岩友著《巫系文學論》，頁 21。

工的日益擴大及巫術經驗的累積，巫者社會功能隨之擴大，並產生王者以外的專職巫者；而最初巫為全氏族祈禱平安豐收，或為某一氏族成員治病時，都是一種應盡的義務，並沒有任何報酬，直到私有財產制度興起後，巫者始接受報酬，甚至慢慢地借助鬼神名義，主動向人們索取報酬。而巫者的身分，最初是女性氏族首領，隨後出現專職巫者；到了父系氏族公社，氏族部落首領接收了宗教權，並取代女系而為最高巫師，王者均為巫，但不稱為巫；惟民間仍有專業巫師，因應日益複雜繁盛的宗教巫術活動，專業巫師大量出現，如《山海經‧大荒西經》中的「十巫」及〈海內西經〉中的「六巫」即可能出現在這個時候。此時期主持宗教活動的，通常是氏族部落首領，也可能是首領指定的專業巫師，這種情形，一直持續到夏代王朝。

在商代以前，有關巫的文獻相當少，但不能因缺乏文獻而認定那時期巫者不活躍、巫風不興盛。眾所皆知，殷商為巫術盛行時代，堪稱為一巫術社會；而在殷商以前，一般民智更不開放，更信鬼神，可以想像巫師應有更強的勢力，更被人尊崇，巫風應比殷商更興盛，然其實際狀況，已難考知。現在夏代文物已陸續出土，仍極有限。據報載商代甲骨文並不是我國最早的文字，早在龍山時代晚期，即黃帝時代和夏代初期就已出現了漢文字，但這些發掘出土的骨刻原始文字僅包括「人」、「萬」、「元」等字，及類似今天的「二」、「三」、「八」等數字。〔註9〕因文字產生時代的限制，有關夏代及夏以前巫之情形，僅能就部分史料及先秦典籍中傳說資料略述一二。

在西安半坡村出土的仰韶期（新石器時代）的一個完整的彩陶鉢裡面畫了一個人頭和兩尾魚（如圖26），人頭的臉上好像塗了彩，四週頂上裝了五件頭飾。五件之中，有兩件是確鑿不移的魚形，另三件說它們是簡化的魚形也無不可。這個頭形，很可能是畫一個掌管祈漁祭的巫師，這祈漁祭的器皿之繪魚及巫師頭飾之作魚形，也許又是同類相生律的應用，〔註10〕此一彩陶鉢當是漁獵時代的遺物。

〔註9〕 見台北《聯合報》民國77年11月1日轉引大陸「中新社」十日報導。
〔註10〕 見張光直著〈中國遠古時代儀式生活的若干資料〉，中央研究院民族學研究所集刊第九期，民國49年春季。

圖26：仰韶時期的魚飾巫師頭形

　　又如母系氏族社會晚期的傳說中人物——女媧、有巢氏、燧人氏、伏羲氏及神農氏等，其巫術色彩均至爲濃厚，均爲巫術性人物。其中女媧，《山海經・大荒西經》記載：「有神十人，名曰女媧之腸，化爲神，處栗廣之野，橫道而處。」郭璞注云：「女媧，古神女而帝者，人面蛇身，一日中七十變，其腹化爲此神。」女媧一日七十變，《淮南子・說林》曾有解釋云：「黃帝生陰陽，上駢生耳目，桑林生臂手，此女媧所以七十化也。」女媧如非大巫，安有如此變化神通？神話中女媧又會造人及補天：

> 俗說天地開闢，未有人民，女媧摶黃土作人，務劇，力不暇供，乃引絚於泥中，舉以爲人。（《風俗通義》佚文，頁 601：另《太平御覽》卷七八亦引）

> 往古之時，……天不兼覆，地不周載，火爁炎而不滅，水浩洋而不息，猛獸食顓民，鷙鳥攫老弱，於是女媧鍊五色石以補蒼天，斷鼇足以立四極，殺黑龍以濟冀州，積蘆灰以止淫水。（《淮南子・覽冥》；另《論衡・談天》亦載）

一般常人必無此種造人及補天的神能，女媧爲一神巫當無可疑。又女媧神話並與稍後的伏羲神話相結合，謂女媧、伏羲兄妹締婚而繁衍人類，《文選》所錄王文考著〈魯靈光殿賦〉云：「伏羲鱗身，女媧蛇軀」，漢代石刻畫像中，恆有人面蛇身之伏羲與女媧交尾像（如圖27），又《易・繫辭下》云：

> 古者包犧氏之王天下也，仰則觀象於天，俯則觀法於地，觀鳥獸之文與地之宜，近取諸身，遠取諸物，於是始作八卦，以通神明之德，以類萬物之情。

八卦一般作爲卜筮之用，而卜筮爲巫者主要職能，創作八卦的原意，也許起於卜筮的需要——欲「通神明之德」，包犧（即伏羲）亦應爲一大巫。另傳說神農嘗百草，一日遇七十毒，始有醫藥，疑神農爲一上古巫醫。

圖27：漢代人面蛇身的伏羲與女媧交尾石刻畫像

李宗侗氏云：「君及官吏皆出自巫」，〔註11〕這話是不錯的，在夏以前是所謂的「神權時代」，政教合一，掌握神權的就是政治上的君王，也就是所謂的「巫王」。在部落社會（父系氏族公社）時代的黃帝、顓頊、堯、舜及禹等帝王或爲巫王，或頗有巫王性格。

關於黃帝，《史記‧五帝本紀》稱其「生而神靈，弱而能言」，能「教熊羆貔貅貙虎，以與炎帝戰於阪泉之野」，黃帝不僅能教猛獸應戰，又據《山海經‧大荒北經》記載：

〔註11〕見李宗侗著《中國古代社會史》，頁118。

> 蚩尤作兵伐黃帝，黃帝乃令應龍攻之冀州之野。應龍畜水，蚩尤請
>
> 風伯雨師，縱大風雨。黃帝乃下天女曰魃，雨止，遂殺蚩尤。

黃帝也能請有翼的應龍畜水作戰，能請天女下凡，神通廣大，自當爲一巫王，又蚩尤亦能請風伯雨師，興風作雨，亦當爲一巫師首領。另《淮南子・覽冥》記載：「黃帝能使歲時熟而不凶，武王能使風定波平」，如非通神的巫王，豈能控制天時風雨，使農作物生長成熟？此外，《韓非子・十過》記載尤爲清楚：

> 昔黃帝合鬼神於泰山之上，駕象車而六蛟龍，畢方並鎋，蚩尤居前，
>
> 風伯進掃，雨師灑道，虎狼在前，鬼神在後，騰蛇伏地，鳳皇覆上，
>
> 大合鬼神，作爲清角。

據此，則黃帝本身必爲一神巫，故有資格大合鬼神，此段敘述，儼然巫教主出場的隆重畫面。又《山海經・海外西經》記「形天」與黃帝爭神，「帝斷其首，葬之常羊之山，乃以乳爲目，以臍爲口，操干戚以舞」（如圖 28），此一斷頭英雄形天也是一位十足的巫者。

圖 28：形天（轉引自袁珂著《山海經校注》頁 214）

　　而黃帝之孫「顓頊」也是一個巫王。大陸學者龔維英氏認為顓頊係女性，[註12] 她的事功，不在於征戰的勝利或器物的發明，而在於改革原始宗教。觀射父答楚昭王的問話中，稱她能夠命南正「重」及火正「黎」等兩位大巫「絕地大通」，斷絕人神間往來的通道，神的意旨即由其傳達，顓頊當然是威靈顯赫的大巫。《大戴禮記・五帝德》也認為她和宗教（鬼神）有特別關係，贊她「依鬼神以制義，……乘龍而至四海。……動靜之物，大小之神，日月所照，莫不祇勵。」她的三個兒子，「失而亡去為疫鬼，一居江水，是為虎；一居若水，是為魍魎蜮鬼；一居人宮室區隅，善驚人小兒」，[註13] 母親不是巫，兒子焉能如此作怪？《山海經・大荒西經》云：「風道北來，天乃大水泉，蛇乃代為魚，是為魚婦，顓頊死即復蘇」，顓頊如非神巫，則其死後當無法復生。

　　帝舜也頗有巫王的傾向，據《尚書・舜典》稱其「納于大麓，烈風雷雨弗迷」，《史記・五帝本紀》亦稱：「堯使舜入山林川澤，暴風雷雨，舜行不迷，堯以為聖」，堯是要考驗作為獵手的舜能否衝破雨霧，避過風雷，開山標道，識別路徑及降服猛獸──包括狩獵技能和巫術，結果舜都過關了，可見他神通廣大。又依《論衡・亂龍》記載：「舜以聖德，入大麓之野，虎狼不犯，蟲蛇不害」，另同書〈吉驗〉篇稱：「舜未逢堯，鰥在側陋。瞽叟與象謀欲殺之，使之完廩，火燔其下；令之浚井，土掩其上。舜得下廩，不被火災；穿井旁出，不觸土害」，此將帝舜描述成一具有法力的神化人物，但不知這類傳說是否可靠；而《史記・五帝本紀》記瞽叟焚廩時，舜係以兩笠自扞而下廩，得以不死，則其巫術意味更濃。

　　又夏代開國君王「大禹」也是一個巫王，孔子讚美他「菲飲食，而致孝乎鬼神；惡衣服，而致美乎黻冕」，禹虔敬鬼神，祭祀物品相當豐厚；而《墨子・非攻下》記載：「高陽乃命玄宮，禹親把天之瑞令，以征有苗」，帝顓頊高陽氏如前述為一大巫，授命禹於玄色神宮，禹如非巫，何能受命於大巫？《法言・重黎》載稱：「昔者姒氏治水土，而巫步多禹」，李軌注云：「禹治水土，涉山川，病足，故行跛也。……而俗巫多效禹步。」明董斯張《廣博物志》卷二五引《帝王世紀》亦稱：「世傳禹病偏枯，步不相過，至今巫稱禹步是也。」按「巫步」為巫在作法時的步法，即《荀子・非相》中的「禹跳」。何以巫師作法時要摹仿「禹步」？大抵因禹治水，涉歷山川，洞悉鬼神情狀，

────────────────────

〔註12〕見龔維英著〈顓頊為女性考〉，《華南師院學報》，1981年第三期，頁111。
〔註13〕見《後漢書・儀禮志》注引「漢舊儀」，另漢蔡邕撰〈獨斷〉也有類似記載。

能駕馭神靈，道藏《洞神八帝元變經・禹步致靈章》稱禹步是「夏禹所爲術，召役神靈之行步，以爲萬術之根源，玄機之要旨。」禹如非巫，豈能召役神靈？是以後世巫師也摹仿禹的那種特殊步法來禁御鬼神。禹步有此禁呪厭勝功用，和傳說中「禹鼎」可鎮山妖水怪，如出一轍。東晉葛洪著《抱朴子・仙藥》記有「禹步法」，〔註14〕另〈登涉〉卷亦有類似記載。故禹爲一巫王，自有一定的可信度。

　　傳說中業巫世家禹的兒子啓也是一個巫王，他的出生非同尋常，據《繹史》卷十二引《隨巢子》的說法：「禹取塗山，治鴻水，通轘轅山，化爲熊。塗山氏見之，慚而去，至嵩高山，化爲石。禹曰：『歸我子！』石破北方而生啓。」啓爲人神交配所生的兒子，本身即具神性，故能上下於天，如《山海經・大荒西經》所載：「有人珥兩青蛇，乘兩龍，名曰夏后開。開上三嬪于天，得九辯與九歌以下。」其中「青蛇」爲巫者標誌，以青蛇爲耳飾，乘龍上下於天，非神巫而何？另依〈海外西經〉記載：「大樂之野，夏后啓于此儛九代，乘兩龍，雲蓋三層，左手操翳，右手操環，佩玉璜，在大運山北，一曰大遺之野。」此段內「九代」當係樂名，而舞蹈爲巫所擅長，啓手中操持翳與環而舞，乘龍佩玉，有三層雲覆蓋，儼然大巫形象。再據〈海內南經〉載稱，啓的臣子孟涂，「司神于巴」，人們到孟涂住所訴訟，他能憑血衣斷案（郭璞注：不直者則血見於衣），臣子有此巫術，君王自不用說。〈離騷〉云：「啓九辯與九歌兮，夏康娛以自縱」，啓承禹位，廢德棄義，不恤國事，終日縱情聲色，以歌舞自娛，有如《尚書・伊訓》所言：「恆舞于宮，酣歌于室」的「巫風」，終遭亡國慘禍，似亦可就此推知傳說中的啓也是一個巫王。

第三節　殷代之巫

　　《禮記・表記》云：「殷人尊神，率民以事神，先鬼而後禮。」因殷人崇信鬼神，故巫術至爲盛行，其最常見的巫術是卜筮，殷人事無大小，均取決於占卜，數以萬計的卜辭即爲占卜的紀錄，由此也可推知商人信奉鬼神的程度。因好事鬼神，常以歌舞祈神，人民多耽於逸樂而疏於正事，故伊尹於太

〔註14〕《抱朴子》內篇卷十一「仙藥」記「禹步法」如次：「前舉左，右過左，左就右。次舉右，左過右，右就左。次舉左，右過左，左就右。如此三步，當滿二丈一尺，後有九跡。」今巫之跳神步伐，當仿此「禹步法」。

甲元年曾下令禁止之：

> 敷求哲人，俾輔于爾後嗣；制官刑，儆于有位。曰：敢有恆舞于宮，
> 酣歌于室，時謂巫風；敢有殉于貨色，恆于遊畋，時謂淫風；敢有
> 侮聖言、逆忠直、遠耆德、比頑童，時謂亂風。惟此三風十愆，卿
> 士有一于身，家必喪；邦君有一于身，國必亡。（《尚書·伊訓》）

此「巫風」為類似巫覡歌舞事神之風，列為「三風」之首，且足以喪家亡國，可以想見商代巫風是怎樣地盛行。

《周易》觀卦象辭云：「聖人以神道設教，而天下服矣！」至少到商代，統治者仍以「神道」設教，以鬼神宗教為重要統治手段，以占卜為其統治工具。商王既是全國最高政治首領，也是全國最高宗教領袖，兼任群巫之長——即所謂「巫師長」，往往親自主持祭祀占卜活動，甲骨文多所記載如：

> □午卜，般貞。王隶，茲年。（乙上·二三二七）
>
> 戊子貞。王其羽舞，吉。（前·六十·二十·四）
>
> 壬子卜，何貞。王舞，又雨。（續·四·二四·一一）
>
> 丁未，王貞。多畏夢，亡來艱。（庫·一二一三）

前兩則為商王親自舞蹈祈神，第三則為王親舞求雨，末則為王親自占夢，而「祈神」、「求雨」及「占夢」均為巫的職事，商王兼此行事，足見王亦為巫。而對卜辭吉凶的解釋，雖稱是「天意神旨」，其實多按商王的意志和願望作最後定奪。卜辭常有「王固曰」的話，﹝註15﹞這些話就是商王最後決定卜事的證據。

商代開國君王——成湯即為一典型的巫王，《史記·殷本紀》記載：

> 湯出，見野張網四面，祝曰：「自天下四方皆入吾網。」湯曰：「嘻！
> 盡之矣！」乃去其三面，祝曰：「欲左，左；欲右，右；不用命，乃
> 入吾網。」諸侯聞之，曰：「湯德至矣，及禽獸。」

此事《大戴禮記·保傅》及《呂氏春秋·異用》也有載述。據此記載，商湯能以祝法使群鳥入其網中，巫術意味至濃，與《論衡·言毒》：「南郡極熱之地，其人祝樹樹枯，唾鳥鳥墜」之事情相類，顯示商湯有此巫術。又有名的商湯禱於桑林，求雨救旱的故事，流傳至廣，先秦兩漢典籍多有記載，﹝註16﹞

﹝註15﹞如：王固曰：不隹帝壱（乙·七四五七）

　　　　王固曰：不吉。南庚壱，祖丁壱，大示祖乙、祖辛、羌甲壱。（丙·三九五）

﹝註16﹞有關湯禱雨救旱故事，見於《史記·殷本紀》、古本《竹書紀年》、《墨子·兼

此事固然帶著不少傳奇和神祕色彩，因古書記載甚多，似非全然空穴來風。
而卜辭中不乏炆人求雨的紀錄，周代仍有「暴巫」、「焚巫」之俗，且祈雨並
是巫者主要職事之一，巫者有時不免被充爲祈雨祭中的犧牲，商湯以天子身
分，用身作爲犧牲禱雨，不難推知其爲巫之身分。

　　商巫除王以外，尚有在王身邊的一些「高級顧問」，權力很大，政治地位
很高，他們掌握宗教大權，主持祭祀禮儀，記錄卜兆筮辭等，一般稱之爲「僧
侶集團」均是赫赫大巫，如《尚書‧君奭》記載：

> 我聞在昔，成湯既受命，時則有若伊尹，格于皇天；在太甲，時則
> 有若保衡；在太戊，時則有若伊陟、臣扈，格于上帝，巫咸乂王家；
> 在祖乙，時則有若巫賢；在武丁，時則有若甘盤。率惟茲有陳，保
> 乂有殷，故殷禮陟配天，多歷年所。

所謂「格于皇天」、「格于上帝」，即這些大巫的精誠能感動天帝降臨。他們並
能上下於天，宣達神旨人情，故能保護殷朝。這些人就是在王身邊、供王諮
商的巫師頭目，據《竹書紀年》記載，「伊尹」、「伊陟」、「臣扈」及「巫賢」
等人的官稱均爲「卿士」，大約相當「宰相」的職位，這是目前所知巫者正式
在朝廷擔任要職的最早記載。其中「伊陟」爲「伊尹」之子，「巫賢」爲「巫
咸」之子，均爲業巫世家，而「巫咸」、「巫賢」的祖先以其職業作爲其氏，
有如「卜」、「史」、「陶」、「祝」等一樣，這是「巫」姓的由來。

　　掌握神權的這些巫教教主，享有至高權威，有時權力甚或超過君王，伊尹
放太甲於桐宮事，即其明例。《尚書‧太甲上》云：「太甲既立，不明，伊尹放
諸桐。三年，復歸于亳。」此事《史記‧殷本紀》及古本《竹書紀年》暨《孟
子》〈萬章上〉〈盡心下〉諸書均有記載，伊尹以一介卿士，力能放逐君王，可
見巫教教主權威之大；又伊陟弗臣太戊之事，〔註17〕亦與此相類，均可顯示巫
權之至高無上。以上數位殷代顯赫大巫，均爲男子，可知此時不但政權操諸男
子之手，宗教巫術亦爲男子所佔有，商代女巫權能旁落已極，僅爲求雨舞雩之
技藝人才而已，〔註18〕這是父系氏族社會以降男性中心社會的固有現象。

　　除此而外，部分殷代巫者均成爲政府官吏，有了官稱。按殷代官制，依

　　愛》、《荀子‧大略》、《淮南子‧脩務》、《呂氏春秋‧順民》、《說苑‧君道》、
　　《論衡‧感虛》、《文選‧思玄賦》李善注引《淮南子》等書篇。

〔註17〕《史記‧殷本紀》云：「帝太戊贊伊陟于廟，言弗臣，伊陟讓，作原命。」

〔註18〕見陳夢家著〈商代的神話與巫術〉乙文，頁533，《燕京學報》第二十期。

卜辭記載的官名，約可分為三類：第一類是「臣正」，即行政官，如：臣、正、小臣、多臣等；第二類是「武官」，如：馬、亞、射、多犬等；第三類是「史官」，如：尹、卜、工、史、多卜、多工、北史等。〔註19〕其中史官系統主掌典章冊命及祭祀占卜等活動，而此等事項原本均由巫掌管，故史的系統即為巫的系統。例如：「卜」、「史」等官，也就是殷代負責進行占卜的「貞人」（或稱卜人）；連同「工」恐怕在商代以前就已存在。此類官吏雖不以「巫」名稱，而其所行實為巫事，係由巫所蛻化，故可視之為巫。

因商代巫風鼎盛，人民信奉鬼神，凡事均須經占卜，取決於神意，可知除前述官巫外，民間的巫者為數仍多，替人們從事祭祀、占卜、驅鬼及醫病等工作，但這一部分所留下來的資料不多；惟在某些卜辭中，巫為神名，為人們所祭祀，顯示這些巫者死後仍為廣大民眾所崇敬，也可推知他們對商代社會的貢獻及影響力是如何地重大深遠。

第四節　周代之巫

巫的發展，經歷了漫長的原始時代，以迄殷商尚鬼的時代，廣受民眾崇拜信奉──原始氏族社會中固有所謂「巫師崇拜」，地位相當崇高，享有無上權威，堪稱巫者的黃金時代，進入周代以後，隨著文明的進步，理性主義的興起，鬼神尊嚴日益貶降，憑依鬼神存在的巫者的地位自然隨之淪降，難以再度恢復往日的光彩。而因應社會的變遷，分工也愈細密，商代史官系統中的「卜」、「史」及「工」等官巫，已分走巫者部分職能，周代「祝」、「宗」等神職人員出現，再奪替巫者不少宗教事務，這也是周巫地位不得不下降的原因；尤其到了戰國時代百家爭鳴，學術思想急劇變動，神道思想衰落，人本主義興起，部分有智之士對天帝鬼神抱持懷疑的態度，於是反巫之聲數起。神權時代至此告終，巫覡從實際政治中退出，絕跡於貴族社會，但在民間仍為廣大民眾所信奉。

周代除「祝」、「宗」、「卜」及「史」等掌理宗教事務的官吏外，並設有「司巫」、「男巫」及「女巫」等官，《周禮‧春官》載有其編制如次：

> 司巫，中士二人，府一人，史一人，胥一人，徒十人。

〔註19〕見陳夢家著《殷虛卜辭綜述》第十五章「百官」，頁 521 及 640，台北，大通書局出版本。

> 男巫無數，女巫無數。其師，中士四人，府二人，史四人，胥四人，
> 徒四十人。

其中「司巫」依鄭元注稱是「巫官之長」，而其官等最高不過「中士」，均比「大卜」、「大史」等神職人員爲低，[註20] 由此可見周巫的地位已不如其所蛻化的「祝」、「宗」、「卜」及「史」等官。

以下略述周巫之顯者。周代始祖武王似仍有巫王之傾向，《淮南子·覽冥》記載：

> 武王伐紂，渡于孟津。陽侯之波，逆流而擊，疾風晦冥，人馬不相
> 見。於是武王左操黃鉞，右秉白旄，瞋目而撝之曰：余任，天下誰
> 敢害吾意者。於是風濟而波罷。

此故事《論衡·感虛》也有引載。所記武王操鉞秉旄，以口咒的巫術驅逐敵物，其爲巫教主形象至爲鮮明；而能使風定波平，顯示他神通廣大。可見武王應該也是一個巫王。

又制禮作樂的周公，亦有巫覡性格。他曾替周武王卜龜禱病，並願以身代死，其事見載於《尚書·金縢》，當有其可信度。其辭云：

> 既克商兩年，王有疾，弗豫。……公乃自以爲功，爲三壇同墠，爲
> 壇於南方，北面，周公立焉，植璧秉珪，乃告太王、王季、文王。
> 史乃冊祝曰：惟爾元孫某，遘厲虐疾；若爾三王，是有丕子之責于
> 天，以旦代某之身。予仁若考，能多材多藝，能事鬼神。……今我
> 即命于元龜，爾之許我，我其以璧與珪，歸俟爾命；爾不許我，我
> 乃屏璧與珪。乃卜三龜，一習吉；啓籥見書，乃并是吉。……公歸，
> 乃納冊于金縢之匱中，王翼日乃瘳。

祈禱治病，爲先秦巫者的主要職能，周公欲代武王，以身奉獻作爲犧牲，類似前揭商湯以身救旱故事，古代巫覡固常充作犧牲。周公認爲鬼神要武王去服侍，所以要武王病死，於是他向三位祖靈祈求，他多材多藝，更會服侍鬼神，以他代武王死，更加合適。周公築壇，持用璧珪等瑞玉，向三位祖先禱告，並命史官祝辭，接著又占卜，核對占兆書籍等等，實都是巫者的行事。因巫者必須聰慧明智，知識廣博，能說善道，載歌載舞，熟悉鬼神歷史，能用各種方法事奉鬼神，博取祂們歡心，此段祝文內周公白稱「多材多藝，能

[註20] 大卜、大祝及大史諸官最高官等均爲「下大夫」，高於司巫之「中士」，亦見〈春官〉。

事鬼神」，恰符巫者的條件；而周公使用「爾不許我，我乃屏璧與珪」一類對待小孩的話來試誘三位祖靈，如非洞悉鬼神一切，並已取得與鬼神對等地位的巫者，豈敢如此？神靈終於不敢違拗其意，武王病隔日便已痊癒。另周公也以巫術爲成王治病，《史記・魯周公世家》云：「初，成王少時，病。周公乃自揃其蚤，沈之河，以祝於神曰：『王少未有識，奸神命者乃旦也。』，亦藏其策於府，成王病有瘳。……成王發府，見周公禱書，乃泣，反周公。」對於古代帝王大臣的種種異稟奇能，後人往往加以渲染神化，如上述記載屬實，則周公的巫覡性格頗爲濃厚。

又戰國時代的楚靈王也是一位十足的巫王。《逸周書・謚法解》解「靈」字：「極知鬼神曰靈，……死見神能曰靈，好祭鬼神曰靈」，楚靈王之謚爲「靈」，疑與其生前信鬼好神有關；而前章所引《說文》及〈九歌〉王逸注均訓「靈」爲「巫」，「靈王」即「巫王」殆無疑義。觀《國語・楚語上》所載：

> 靈王虐，白公子張驟諫。王患之，謂史老曰：「吾欲已子張之諫，若何？」對曰：「用之寔難，已之易矣。若諫，君則曰：『余左執鬼中，右執殤宮，凡百箴諫，吾盡聞之矣，寧聞他言？』」

按「鬼中」及「殤宮」均爲神物，靈王執此，謂能役使鬼神，洞悉凡百隱微諸事，其巫術意味深濃。另《太平御覽》卷七三五引《桓子新論》云：

> 昔楚靈王驕逸輕下，信巫祝之道，躬儛壇前。吳人來攻，其國人告急，而靈王鼓舞自若。

舞蹈爲巫者必備的技能，敵軍來攻，靈王於神壇前鼓舞自若，有如〈伊訓〉所稱「恆舞于宮」，即此一端，亦可知其爲巫王。

周巫絕跡於貴族社會，活躍於民間，凡有名巫者，常冠其國邑之名爲其專稱，例如《國語・周語上》記厲王使衛巫監謗者；《淮南子・精神》記鄭之神巫替壺子林看相；《呂氏春秋・知接》記管仲教桓公遠常之巫；而《左傳》記載更多，如隱公十一年，鄭人賂尹氏而禱於其主鍾巫；僖公九年，太子申生降附於新城之巫；僖公十七年，雍巫受寵於衛共姬；文公十年，楚國范巫矞似預言成王、子玉與子西皆將強死；成公十年，晉國桑田巫預告晉侯不得食新麥；襄公十八年，晉國梗陽之巫皋預言中行獻子將命終等均是，這些名巫，固無法與「巫咸」、「巫彭」及「巫陽」等大巫相比，然得專擅國邑名稱，可知其在國邑之內是如何地享譽。

《禮記・表記》云：「周人尊禮尙施，事鬼敬神而遠之。」自春秋以降，

人道主義抬頭，神道思想已由盛極而趨衰落，且舉《左傳》所載當時幾位賢
大夫的話為證：

　　季梁對隨侯言：「是以先王先成民，而後致力於神。」（桓公六年）

　　史嚚云：「國將興，聽於民；將亡，聽於神。」（莊公三十二年）

　　宮之奇對虞公言：「神所憑依，將在德矣！」（僖公五年）

　　周內史叔興云：「吉凶由人」（僖公十六年）

　　魯國閔子馬云：「禍福無門，唯人所召。」（襄公二十三年）

　　子產云：「天道遠，人道邇。」（昭公十八年）

另外，如韓非也極力批判宗教迷信：「龜筴鬼神，不足舉勝；左右背鄉，不足
以專戰」（《韓非子・飾邪》），認為「用時日，事鬼神，信卜筮，而好祭祀者，
可亡也。」（《韓非子・亡徵》）；周代著名軍事家孫武也認為打仗要靠人，不
能依賴鬼神：「先知者，不可取于鬼神，不可象于事，不可驗于度，必取于人。」
（《孫子兵法・用間》）。由於人智大進，巫覡地位自然低落，為人賤視，終難
免其沒落之運命，繼巫而起的「俳優」地位的卑賤，恐怕與此有關。

　　前引管仲教桓公疏遠常之巫，即為反巫的呼聲。又荀子亦反巫祝，《史記・
孟子荀卿列傳》稱「荀卿嫉濁世之政，亡國亂君相屬，不遂大道而營於巫祝，
信機祥。」而《荀子・正論》亦稱：「譬之是猶傴巫跛匡大自以為有知也」，
可知荀子卑視巫覡，不信巫祝。前述韓非反對鬼神迷信，自然也反對巫祝，《韓
非子・顯學》云：

　　今巫祝之祝人曰：使若千秋萬歲。千秋萬歲之聲聒耳，而一日之壽
　　無徵於人，此人所以簡巫祝也。

由此記載，可知至少在韓非所處的時代、國度，多數人不信巫祝，對待巫祝甚
為簡慢。又春秋末年名醫扁鵲曾說病有六不治，其一為「信巫不信醫」，〔註21〕
也反對巫醫。巫覡甚或被列為「四蠹」之一，見於《逸周書・酆保解》：

　　四蠹：一、美好怪奇以治之；二、淫言流說以服之；三、群巧仍興
　　以力之；四、神巫靈寵以惑之。

既然被列為毒害的東西，有時不免遭到殺頭的厄運，《禮記・王制》曰：「假於
鬼神、時日、卜筮，以疑眾，殺。」這是統治階級所訂下的戒律。在戰國魏文
侯時，因鄴民迷信，有眾所熟知「河伯娶婦」的故事，鄴令西門豹識穿此一把
戲，以其人之道還治其人之身，陸續將大巫嫗及其弟子投入河中，從此廢除了

〔註21〕見《史記》卷一〇五〈扁鵲倉公列傳〉。

此一惡俗，其事見《史記・滑稽列傳》。此種將巫奉獻於水（沈巫）作為犧牲的方式，與魯僖公二十一年大旱欲焚巫尫事，有異曲同工之處，可相參考。

第五節　周巫之分化

　　隨著社會的變遷，巫到殷代，即已分化，尤以周代社會急劇變動，巫者分化的情形更為顯著。據《周禮》、《左傳》及《禮記》等書的記載，巫的主要職能已分別由史、祝、宗、卜、工等職官取代，巫在周代朝廷中處於不重要的地位，多數的巫已淪落民間，從事一些神祕性、技術性的工作，這是社會進化的結果，也是歷史的必然。依《周禮・春官》記載，周巫主要分化為下列五種：

　　祝——大祝、小祝、喪祝、甸祝、詛祝。

　　宗——大宗伯、小宗伯、內宗、外宗。

　　卜——大卜、卜師、龜人、菙氏、占人、簪人、占夢、眡祲。

　　史——大史、小史、內史、外史、馮相氏、保章氏。

　　工——樂師、大胥、小胥、大師、小師、瞽矇、眡瞭、典同、磬師、鍾　　　　師、笙師、鎛師、旄人、籥師、鞮鞻氏、典庸器、司干。

　　此外，〈天官冢宰〉另有「女祝」、「女史」之官。上列五種周官，「祝」、「宗」二字雖已見諸卜辭，惟似尚未成為正式官吏，至周代始立為官，且後來居上，上揭「春官」體系內的職官，均由大、小宗伯掌管，大宗伯為最高長官，而「卜」、「史」、「工」三種官吏則為見於卜辭中的殷官，其起源恐怕更早，相傳黃帝之時已有史官，〔註22〕而堯時亦有「百工」，〔註23〕因乏其他佐證，難以確定；而商代卜辭對此三種官吏的職能記載不多，也不明確，茲各舉二例如下：

　　　　□□王卜□多卜曰……（甲九四○）

　　　　□午卜，卜賓貞……（佚五二七）——以上卜官。

　　　　丁酉，史其酚告〔于〕南室。（續二・六・三）

　　　　方禍象取乎御史。（乙六三六○）——以上史官。

〔註22〕見《太平御覽》卷七九引《帝王世紀》、《論衡・骨相》及《說文解字・敍》等書。

〔註23〕《尚書・堯典》：「允釐百工，庶績咸熙」，按「百工」即百官；另〈皋陶謨〉亦有「工以納言」之語，可相參看。

　　王其令山司我工——工載王事。（掇一，四三一）

　　旬屮希，不于我工禍。（甲一一六一）——以上工官。

上揭諸官的職能雖有零星記載，總難作系統的論述，故本節主要說明巫到周代分化的情形。

　　周巫在民間有其一定的勢力，其職能較多，與鬼神有關的事都管；而見於《周禮》以「巫」爲稱的官名有「司巫」、「男巫」及「女巫」三者；至由巫所分化的官吏主要有祝、宗、卜、史、工等五大類。質言之，祝的主要任務是代表祭者向鬼神禱祠致辭，以祈福祉，故特別要知道鬼神的歷史和性情；宗是祭祀的主宰，職司宗廟祭禮的程序，祭壇的布置、祭品的選擇與保存等；卜是掌理朝廷卜筮的事，決疑惑而辨吉凶；史的主職在掌管文書，記錄大事，占察天象，但也兼理卜筮和祭祀的事。〔註24〕而工與巫同意，實即爲巫。以下分別述之。

一、祝

　　「祝」這種身分，依許愼的解釋是：「祝，祭主贊詞者，从示从儿口。一曰从兌省。易曰：兌爲口爲巫。」（《說文》一篇上）段玉裁注曰：「以此三字會意，謂以人口交神也。」近人陳夢家更申論爲「兄」，象人仰首開口呼求狀，兌从兄口上吐氣，與祝同意，故說文一曰之說不誤。」〔註25〕郭沫若氏則以爲：「祝象跪而有所禱告」；〔註26〕勞貞一氏則稱：「祝象在祭棹前跪拜之形」。〔註27〕以上諸家的話，均有可採之處，要言之，「祝」係象人面神跪拜，以口祈神賜福止禍之形。此「以口交神」之事，原爲上古巫者職能之一，可見祝由巫而來。

　　《毛詩・楚茨》云：「祝祭于祊，祀事孔明。……工祝致告，徂賚孝孫。……孝孫徂位，工祝致告。……」古時工即巫，故「工祝」即「巫祝」，係祭祀時向鬼神致辭的人。《周禮・春官》記祝官職掌略以：「大祝掌六祝之辭，以事鬼神示。……小祝掌小祭祀。將事，侯禳禱祠之祝號。……喪祝掌大喪勸防之事，……掌喪祭祝號。……甸祝掌四時之田表貉之祝號。……詛祝掌盟詛類造攻說檜禜之祝號。……」另〈天官〉記「女祝」職掌爲：「掌王后之內祭

〔註24〕參見張蔭麟著《中國上古史綱》第二章第七節，頁54～55。

〔註25〕見陳夢家〈古文字之商周祭祀〉，載《燕京學報》十九期，頁108。

〔註26〕見朱芳圃著《甲骨學》文學篇第一，頁6。

〔註27〕見勞榦著〈古代思想與宗教的一個方面〉，載於《學原》一卷十期，南京，1948年。

祀，凡內禱祠之事。……」以上官方所訂祝官職掌不外祭祀禱祠祝號之事。而《莊子‧逍遙遊》云：「尸祝不越尊俎而代之矣」，此言庖人、尸祝各有職司，「尸祝」即執祭版對尸而祝之祝，其職司亦不外祝禱鬼神，祈求禎祥。

因祝係以言辭祈神，故除須熟悉鬼神事項外，其口才必是一流的，《論語‧雍也》有「不有祝鮀之佞」的話，又〈憲問〉稱「祝鮀治宗廟」，衛大夫祝鮀（以官職命姓）因口才相當好，所以能主持宗廟祭祀的事。由此可尋出巫與祝的些微差異，即巫係以鬼神為對象而主歌舞（《說文》：巫「以舞降神」），而祝係以祖靈為對象而主祈告；巫降神後，神憑依於巫者身上；祝祈神時，神仍處於祝的相對地位。此為巫與祝在祈禱方面的區別。

二、宗

「宗」這一種身分，據許慎解釋為：「宗，尊祖廟也，从宀示。」段注：「宗，从宀从示，示謂神也，宀謂屋也。」（《說文》七篇下）李孝定氏謂：「示象神主，宀象宗廟，宗即藏主之地也。」〔註28〕顯而易見地，「宗」是一會意字，會合「示」（神主）在「宀」下（屋內）之意，即為「宗廟」，為眾人所尊，亦為祭祀所在，由此引申出「宗」係在宗廟從事祭祀的人物。如《國語‧楚語下》記載：

> 使名姓之後，能知四時之生、犧牲之物、玉帛之類、采服之儀、彝
> 器之量、次主之度、屏攝之位、壇場之所、上下之神、氏姓之出，
> 而心率舊典者，為之宗。

此韋昭注：「宗，宗伯，掌祭祀之禮。」據此記載，宗是負責各種祭品的選擇、祭壇的布置、神位的先後及鬼神祖靈的源流等與祭祀相關之事項。又《周禮‧春官》記宗之職掌為：

> 大宗伯之職掌建邦之天神、人鬼、地示之禮。……
> 小宗伯之職掌建國之神位，右社稷，左宗廟。……
> 內宗掌宗廟之祭祀。……
> 外宗掌宗廟之祭祀。……
> 都宗人掌都祭祀之禮。……
> 家宗人掌家祭祀之禮。……

〔註28〕見李孝定編《甲骨文字集釋》，頁2479。

又《逸周書・嘗麥解》云：「是月，士師乃命太宗序于天時，祠大暑；乃命少宗，祠風雨百享。」另《禮記・樂記》云：「宗祝辨乎宗廟之禮，故後尸。」再《左傳》襄公九年云：「祝宗用馬于四墉，祀盤庚於西門之外。」以上諸書所載宗均掌理有關祭祀之事，而祭祀祖宗鬼靈之事，上古均統掌於巫，宗由巫出，其理至明。

三、卜

「卜」這種身分，觀其字即可見其意義與職能。許慎解「卜」字為：「卜，灼剝龜也，象炙龜之形。一曰象龜兆之縱衡也。」（《說文》三篇下）按卜象灼龜現兆之形，大抵有「卜」、「卜」、「卜」、「卜」等形。商代以龜甲或獸骨占卜，負責占卜的「貞人」即為「卜人」，簡稱為「卜」。周代除甲骨外，多以蓍草為占筮工具。依《周禮・春官》記載，周代卜筮官吏極多，分工極為細密，茲條列如次：

　　大卜掌三兆之灋，……掌三易之灋，……掌三夢之灋，……

　　卜師掌開龜之四兆，……

　　龜人掌六龜之屬，各有名物，……

　　菙氏掌共燋契，以待卜事，……

　　占人掌占龜，……

　　筮人掌三易以辨九筮之名，……

　　占夢掌其歲時，觀天地之會，辨陰陽之氣，以日月星辰占六夢之吉凶，……

　　眡祲掌十煇之灋，以觀妖祥，辨吉凶，……

以上周代卜官所掌，無非卜筮占龜之事。又《逸周書・月令解》云：「（立冬）是月也，命太卜禱祠，龜策占兆，審卦吉凶」；另《禮記・雜記上》云：「大夫之喪，……卜人作龜」；《禮記・玉藻》亦記：「卜人定龜」。「太卜」亦即「大卜」，「卜人」當即「占人」，名稱雖多，仍均為占卜吉凶，預言休咎之事，而「卜筮」本為古巫的主要職能，周代卜官源自於巫，其理至明。

四、史

「史」這一種職官，由來已久，據許慎的解釋是：「史，記事者也，從又持中。中，正也。」（《說文》三篇下）此釋「史」為「記事者」，大抵允當；

惟將从又所持之「中」釋爲「正」，則不無商榷餘地，緣史官起源至早，非僅如後世史官須秉持「中正」立場以記載史事，疑「中」爲最初史者所持具體器物，而非抽象「中正」之意。此節近世學者爭論紛紜，莫衷一是，大致有江永的持簿書說，吳大澂的執簡冊說，王國維的持盛筭之器說，馬敍倫的持筆說，勞榦的持弓鑽說，沈剛伯的載筆執簡說，徐復觀的持筆置口前說，以及日人白川靜的捧掛祝告之器於神木說等八說，〔註29〕私疑「中」應爲一祭器，「史」字象古代史官雙手捧器以祭之形（史之初文應作「𠭆」，〔註30〕其後筆畫簡省而作「𠭏」），至所捧係何祭器，以時代荒遠，目前尚難確知。

史官疑源於巫之專掌祭祀而能書寫文字者。遠古神權時代，祭祀鬼神本生民大事，傳說中的黃帝史官蒼頡，即爲巫術性格濃厚的史者，《論衡‧骨相》稱：「蒼頡四目，爲黃帝史」，爲草創文字的巫者。又《淮南子‧本經》云：「昔者蒼頡作書，而天雨粟、鬼夜哭。」蒼頡造字，鬼何以夜哭？據高誘注稱，鬼恐爲書文所劾，故而夜哭。由此亦可推知早期史官即爲巫者，其能書寫文字，且與鬼神祭祀之事有關。黃帝之後，相傳有伯夷爲虞史官，《尚書‧舜典》云：「帝曰：咨，四岳，有能典朕三禮？僉曰：伯夷。帝曰：俞咨！伯，汝作秩宗⋯⋯。」此節孔穎達疏曰：「此時秩宗即周禮之宗伯也。其職云掌天神、人鬼、地祇之禮⋯⋯」周官宗伯主掌祭祀，伯夷以相當宗伯之官「秩宗」典司祭祀天神、人鬼、地祇之三禮，身分當爲交通人神之間的巫者，而《大戴禮記‧誥志》云：「虞史伯夷曰：明，孟也；幽，幼也。⋯⋯」稱伯夷爲「虞史」，可知遠古史官是從管神事、司祭祀的巫者演變而來。

再依傳統文獻記載，史官設置時代甚早，惟均不早於黃帝時期，然如前所述，巫者這一角色，大概在舊石器時代晚期即已產生，巫先於史，隨著社會進化，疑在傳說中的黃帝時代或稍後，巫分化出史。史官爲我國最早出現的官吏，其職務繁多，迄至殷商，史官仍爲三大殷官系統之一，此系統中的卿史（卿士）地位最高，爲王的輔佐，多由伊尹、巫賢等專業巫師擔任，由此亦可見史源於巫，巫史合一。

周代史官職掌，據《周禮‧春官》記載有：

　　大史掌建邦之六典，以逆邦國之治，⋯⋯正歲年，以序事頒之于官

〔註29〕見張榮芳著〈考論得失，懲惡勸善〉註18，收入劉岱《中國文化新論‧制度篇》頁362。

〔註30〕見周法高、李孝定等主編《金文詁林附錄》，頁359，香港大學出版。

府及都鄙，……大祭祀，與執事卜日；……大喪，執灋以涖勸防，……

小史掌邦國之志，奠繫世，辨昭穆，……大祭祀，讀禮灋，……大
喪、大賓客、大會同，大軍旅，佐大史……

內史掌王之八柄之灋，以詔王治。……執國灋及國令之貳，……掌
敘事之灋，受納訪。……掌書王命，……

外史掌書外令，掌四方之志，掌三皇五帝之書，……

以上所載周代史官的職掌甚爲廣泛，偏重在政治事務方面，幾包括主要治體；
要而言之，周史官的職掌不外書策、記事、祭祀、卜筮與星曆等五大項，此
可由其他典籍得其佐證：

（一）書策：如《禮記‧王制》：「大史典禮，執簡記，……」，又《左傳》
　　　襄公二十五年：「南史氏聞大史盡死，執簡以往。……」另《尚書‧
　　　金縢》：「史乃冊祝曰」等是。

（二）記事：如《禮記‧玉藻》：「動則左史書之，言則右史書之。」又
　　　《左傳》襄公十四年：「史爲書，瞽爲詩」，另《大戴禮記‧保傳》：
　　　「太子有過，史必書之，史之義不得不書過，……」等是。

（三）祭祀：如《左傳》閔公二年：「我大史也，實掌其祭」；又昭公十七
　　　年：「使祭史先用牲于雒」；另襄公二十七年：「其祝史陳信於鬼神
　　　無愧辭」等是。

（四）卜筮：如《禮記‧玉藻》：「卜人定龜，史定墨，……」又《國語‧
　　　晉語》：「（晉）獻公卜伐驪戎，史蘇占之，……」；另《列子‧周穆
　　　王》：「謁史而卜之，弗占」；《新序‧雜事第四》：「宋康王時，有爵
　　　生鷃於城之陬，使史占之，曰：『小而生巨，必霸天下。』……」
　　　再《左傳》記載史官占筮之例極多，如晉獻公之嫁伯姬，占諸史蘇
　　　（僖公十五年）；趙鞅之夢童子，占諸史墨（昭公三十一年）；又趙
　　　鞅卜救鄭國，占諸史趙、史墨、史龜（哀公九年）等均是。

（五）星曆：如《史記‧天官書》：「昔之傳天數者，……周室：史佚、萇
　　　弘；……又《呂氏春秋‧先識覽‧先識》：「（晉太史屠黍）對曰：「臣
　　　比在晉也，不敢直言，示晉公以天妖，日月星辰之行，多以不
　　　當。……」；另五石隕落，六鷁退飛，宋襄公問於周內史叔興（《左
　　　傳》僖公十六年）；再「有星孛入于北斗，周內史叔服曰：不出七
　　　年，宋、齊、晉之君將死亂。」（《左傳》文公十四年）；另《國語‧

周語下》：「吾非瞽史，焉知天道？」等均是。

綜觀以上周史職事，實仍源於遠古巫者而來。因巫主事鬼神，故每涉於虛玄，隨著社會進化，其道由顯而之隱；而史重人事，故以事實爲貴，因應時代變遷，其道由隱而之顯。其後，人智益開，社會更進，史之職掌益重，遂乃奪巫之席。「史盛而巫衰」，實爲必然之趨勢。

五、工

先秦「工」這種身分和後代的「工」不同，其字義據許慎的解釋是：「工，巧飾也。象人有規榘，與巫同意。」（《說文》五篇上）許氏稱工與巫同意，係指二字意義相同，在造字上亦有相似之處，古文巫之「彡」類似巫之「𠃌」。李宗侗氏曰：「工亦是古時常有官吏，這邦名曰士，那邦名曰巫，另一邦名爲工。」〔註31〕此以「工」爲「巫」，均指同一種人。惟工之本義，疑爲伐木斧之遺形（金文工或作「工」），以斧伐木爲人類原始的工作，故引申出第一義則爲「工作」，而祭祀鬼神爲上古初民首要工作，原始工的工作或與祭祀有關，可能以石斧伐木以製造各種祭器，目的是爲了祀神；而爲博取鬼神歡心，故須製作精巧，裝飾華美，此即許氏「巧飾」之意。由此推論，初期的「工」，可能就是那些製作精美祭器以祀神的巫者。

《尚書·堯典》記載：「允釐百工，庶績咸熙。」孔安國注「工」爲「官」；又云：「共工方鳩僝功」，注云：「共工，官稱」；另《舜典》有「疇，若予工？」及「垂，汝共工」的話；再《皋陶謨》也有「百工惟時」及「工以納言」的話，凡此「工」均爲「官」，顯示「工」這一角色，在傳說中的堯舜時代，已爲政府官吏，初期官吏均出自巫，工亦不例外。迄至殷代，卜辭內也有「工」、「我工」及「多工」等屬史官系統的官名，如：

　　旬虫希，不于我工禍。（甲一一六一）

　　多工凶尤。（粹一二八四）

　　王其令山司我工 —— 工載王事。（掇一·四三一）

以上三例，僅知工爲殷官，不易得悉其種類及職能，惟第三例「工載王事」一句，工似如史職肩負記載君王行事之責。又《說苑·敬愼》載有殷王武丁時，工人進行占卜預言之事：

　　殷王武丁之時，先王道缺，刑法弛，桑穀俱生於朝，七月而大拱。

〔註31〕見李宗侗著《中國古代社會史》，頁123。

　　　　工人占之曰：「桑穀者，野物也。野物生於朝，意朝亡乎？」……

此事未盡可信，不過是後人傳言，惟稱工人進行占說徵兆乙節，則不無可能，因工源於巫，而預言解兆本巫者主要職事之一。

　　周代有關工的記載甚多，其意義一再轉化，約有下列四種：

　　其一爲「百工」，即「百官」，如《尚書・康誥》：「百工播民」，又〈洛誥〉：「予齊百工」等二例之「百工」均爲周公時之百官。

　　第二爲工商的工，如《左傳》襄公九年：「商工皁隸，不知遷業」，此工即春秋以降，民間工藝勃興，工商發達時之各種工人。

　　其三爲「工祝」，即「巫祝」，如《毛詩・楚茨》：「工祝致告，徂賚孝孫」，又《楚辭・招魂》：「工祝招君，背行先些」是，指專任祝告或招魂之工。

　　其四爲樂工，如《儀禮・鄉飲酒禮》：「工歌鹿鳴、四牡、皇皇者華。」又如《左傳》襄公四年：「工歌文王之三」，又十四年：「工誦箴諫」，以上二「工」，杜預均注「樂人也」，意即樂工；而《說苑・君道》：「天子無戲言，言則史書之，工誦之。」此處「工」則前引《周禮》自「大司樂」以下至「司干」等職掌歌舞樂器各官，亦均屬「樂工」之類，惟其分工至細，或掌舞蹈、或掌聲律，或掌樂器，或掌舞器，不一而足。

　　以上由巫所衍化的四種周代的「工」，第一種百官的工，似僅爲一般官吏的稱呼，並未專門從事巫者的職事，因宗廟祭祀之事，另有「祝」、「史」及「宗」等巫官掌理；第二種工商的工，除築城、造戈矛外，亦建宗廟、製祭器，從事與宗教有關的工藝，部分的工仍保存原始巫的傳統，第三種巫祝的工，掌理祭祝時祝告或招魂的工作，本爲巫者職事，故此種工實即爲巫；第四種樂工能以歌詩事神，本古巫祭祀時之所爲，雖其歌誦對象不全爲鬼神，其歌誦目的不全爲討鬼神歡心，然大抵仍繼承巫的傳統。

小　結

　　周代祝、宗，卜、史及工等由巫分化的官吏，實均爲巫官，彼此之間關係密切，功能有時重疊，故恆連稱之，茲略舉數例以明之：

有祝宗（宗祝）連用者：

　　　　祝宗用馬于四墉。（《左傳》襄公九年）

　　　　昭子齊於其寢，使祝宗祈死。（《左傳》昭公二十五年）

　　　　宗祝在廟。（《禮記・禮運》）

宗祝辨乎宗廟之禮。(《禮記‧樂記》)

有祝史連用者:

大宰命祝史,以名徧告于五祀山川。(《禮記‧曾子問》)

今君疾病爲諸侯憂,是祝史之罪也。(《左傳》昭公二十年)

日有食之,祝史請所用幣。(《左傳》昭公十七年)

有史巫(巫史)連用者:

用史巫,紛若,吉,无咎。(《周易‧巽》)

夫人作享,家爲巫史。(《國語‧楚語下》)

有巫祝連用者:

君臨臣喪,以巫祝桃茢執戈。(《禮記‧檀弓下》)

有工祝連用者:

孝孫徂位,工祝致告。(《毛詩‧楚茨》)

工祝招君,背行先些。(《楚辭‧招魂》)

有工史連用者:

故工史書世,宗祝書昭穆。(《國語‧魯語上》)

有宗工連用者:

……惟亞、惟服、宗工,越百姓里居,罔敢湎于酒。(《尚書‧酒誥》)

有宗祝巫史並舉者:

祝嘏辭說藏於宗祝巫史,非禮也。(《禮記‧禮運》)

　　所可注意者,有關巫、祝、宗、卜、史及工等地位的高下,先秦典籍記載頗有差異,如《禮記‧禮運》云:

……故宗祝在廟,三公在廟,三老在學,王前巫而後史,卜、筮、瞽、侑皆在左右,王中心無爲,以守至正。

據此記載,「巫」、「史」分別在王的前後,爲君王高級顧問,其地位似較在宗廟的「宗」、「祝」爲高;又《國語‧楚語下》則云:

……民之精爽不攜貳者,而又能齊肅衷正,其智能上下比義,其聖能光遠宣朗,其明能光照之,其聰能聽徹之,……在男曰覡,在女曰巫。……而後使先聖之後之有光烈,而能知山川之號、高祖之主、宗廟之事,……而敬恭明神者,以爲之祝。使名姓之後,能知四時之生,犧牲之物、玉帛之類、采服之儀,……而心率舊典者爲之宗。

此記「巫」的地位最尊,「祝」次之,「宗」則最下;然前述《周禮》以「宗」

爲中心，架構了一個規模宏大的「春官宗伯」系統，「卜」、「祝」、「史」、「工
（樂工）」及「巫」等官吏均隸屬此系統之下，而以「大宗伯」爲最高長官，
即「宗」之地位最高，「卜」、「祝」、「史」、「工」次之，「巫」則最下，與《楚
語》所記順序恰恰相反，與〈禮運〉記述亦不　致。究其差異原因，可能《禮
運》所載係周初情況，如其中「三公」爲周公時所始創的制度，〔註32〕此時
巫襲殷制，地位仍高；而《楚語》所記之巫，疑是遠古時代的巫，非周代的
巫，所記祝宗，時當在周代，唯僅記其產生的先後及其必備的知能，並不特
別強調其地位的尊卑；而《周禮》所載，可能在周代成功地建立封建社會，
推行宗法制度之後，故大大地提高「宗」的地位，此時「巫」的職能已由祝、
宗、卜、史、工等官分擔取代，故「宗」最尊，而「巫」最卑。如前述《左
傳》所見的「鍾巫」、「新城之巫」、「范巫矞似」、「桑田巫」、「梗陽之巫皋」
等亦均非在朝廷供職，政治地位不高。除以上時間因素所造成的差異外，另
地域因素（如所述之國度不同）亦應考慮在內。

　　綜上所述，因民智日啓，社會急劇變動及文明的一日千里，使巫到周代
不得不分化；因其主要職能被替奪，故失去原有政治地位，而淪入民間，憑
藉巫術成爲一般人的信仰，這種情形並一直延續到現在。

第六節　先秦巫者主要活動範圍

　　據奧國人類學家施密特的原文化區分類，北極、北美原文化區保留的原始
宗教，有一種靈媒（Medium）作爲人神媒介，古西伯利亞、滿州稱薩滿（Shaman）
爲最純粹的巫教信仰。……古中國，據 De Groot（The Religious System of China）
研究，古巫即屬於此大類中的一支，爲泛靈信仰（Animation）的產物。關於薩
滿，古代通稱巫，……戰國時期燕、齊等濱海地域及南方楚、吳、越等均保有
巫術、方術的原始宗教信仰，可知古中國亦屬於薩滿教區。〔註33〕世界各民族
均須經歷所謂「神權時代」，任何古老民族均有巫術存在，漢族也不例外，據上
所述，古代中國的巫不過是廣大巫教信仰地區的一支，先秦巫者應曾遍布於各
地區；然各地風俗有別，巫教信仰有程度上的差異，其中以戰國時期燕、齊及
楚、吳、越等國巫風尤盛。以下謹就古代典籍記載，分期論述先秦巫者的重要

〔註32〕參見《禮記·明堂位》及《大戴禮記·保傅》。
〔註33〕見林師豐楙著「屈原與楚辭」講義「一、楚辭與巫風」。

活動地區。

一、殷商以前巫之活動範圍

在殷商以前，因缺乏文字的記載，巫者的活動地區，只能依神話傳說資料略作論述。據古代巫書《山海經》記載，古巫活動範圍，主要有下列各地：

其一為「巫咸國」：〈海外西經〉：「巫咸國，在女丑北，右手操青蛇、左手操赤蛇，在登葆山，群巫所從上下也。」「巫咸」為古巫的通稱，「巫咸國」疑即以「巫咸」為首的一群巫師所組織的國家，位於登葆山，也許盛產蛇類，「操蛇」成為古巫標誌之一。另據《太平御覽》卷七九○引《外國圖》云：「昔殷帝大戊使巫咸禱於山河，巫咸居於此，是為巫咸民，去南海萬千里。」再者，《水經注》卷六涑水注云：「鹽水……西北流經巫咸山北。」此「巫咸山」在今山西夏縣東五里。據上所述，「巫咸國」應在西方，「巫咸民」當在南方，二者方位不同，而「巫咸山」在山西省，是否即「巫咸國」，亦難斷定；所可知者，由上述三地之命名當可斷言其為古巫活動地帶。

其二為「靈山」、「巫山」：〈大荒西經〉：「有靈山，巫咸、巫即、巫盼……巫羅十巫，從此升降，百藥爰在。」又〈大荒南經〉：「有巫山者，西有黃鳥。帝藥、八齊，黃鳥于巫山，司此玄蛇。」因「靈」、「巫」本一字，靈山上有神藥，十巫由此升降，故「靈山」也是一個「巫山」。今四川巫山縣（即《戰國策·楚策一》：「楚地西有黔中、巫郡」的「巫郡」）東有巫山，乃巴山山脈中的秀峰，重巖疊嶂，隱掩天日，長江流經此地，成為「巫峽」，杜甫〈秋興八首〉稱「巫山巫峽氣蕭森」，因其氣象詭異，故適合巫者活動。惟湖南省城步縣東也有「巫山」，為巫水之源；另山東省肥城縣西北也有「巫山」，乃春秋時代的齊地（《左傳》襄公十八年：「齊侯登巫山以望晉師」）因《山海經》以「靈山」在西方，「巫山」在南方，故〈大荒南經〉的「巫山」當指在四川省的「巫山」。

其三為「騩山」、「蛇巫之山」及「載民之國」等：〈中山經〉：「騩山，帝也。其祠羞酒，太牢具，合巫祝二人儛，嬰一璧。」此記騩山一帶祭祀時，須以巫祝二人共舞，顯示該地巫風至盛。又〈海內北經〉：「蛇巫之山，上有人操杯而東向立，一曰龜山。」如前所述，蛇為巫者標誌，此以「蛇巫」命山，足證該地有巫者活動，其上有人操杯（可擊殺鬼物之桃杖）而東向立者，疑即為巫者。另〈大荒南經〉：「有載民之國，帝舜生無淫，降載處，是謂巫載民。巫載民盼姓，……」

此「巫載民」疑類似於「巫咸國」、「巫咸民」，亦爲諸巫所組成的國家；其民姓「盼」，可能和〈大荒西經〉記靈山十巫中的「巫盼」有關。

二、春秋時代巫之活動範圍

商代巫者活動的範圍，因甲骨文等文獻資料記載有限，不易確切考知，惟商人深信鬼神，巫風特盛，巫者應遍布所有地區；迄至春秋時代，各地仍有巫者活動，除南方荊楚、吳、越外，典籍記載的主要有下列諸地：

其一爲「魯地」：《左傳》僖公二十一年：「夏大旱，公欲焚巫尪。」又《禮記・檀弓下》：「歲旱，穆公召縣子而問然，曰：天久不雨，吾欲暴尪而奚若？……然則吾欲暴巫而奚若？……」此魯僖公、魯穆公欲焚巫、暴巫，可見其地巫者至爲普遍。

其二爲「齊地」：《列子・黃帝》：「有神巫自齊來處於鄭，命曰季咸，知人死生；……」，又《呂氏春秋・知接》：「管仲有疾，桓公往問之。……管仲對曰：願君之遠易牙、豎刁、常之巫、衛公子啓方。」另《漢書・地理志》：「（齊地）始桓公兄襄公淫亂，姑姊妹不嫁，於是令國中民家長女不得嫁，名曰『巫兒』，爲家主祠，嫁者不利其家，民至今以爲俗。」可知齊地確有巫俗。

其三爲「鄭地」：《左傳》隱公十一年：「鄭人囚諸尹氏，賂尹氏而禱於其主鍾巫。」又《淮南子・精神》：「鄭之神巫相壺子林，見其徵，告列子。」另《莊子・應帝王》：「鄭有神巫曰季咸，知人死生存亡，禍福壽夭，……」此「季咸」與上述《列子》所稱「自齊來處於鄭」的「季咸」應爲同一人，本應爲齊巫，然得於鄭地居處行事，顯見鄭人信巫。

其四爲「陳地」：《漢書・地理志》：「陳國，今淮陽之地。陳本太昊之虛，周武王封舜後嬀滿於陳，是爲胡公，妻以元女大姬。婦人尊貴，好祭祀，用史巫，故其俗巫鬼。陳詩曰：『坎其擊鼓，宛丘之下，亡多亡夏，值其鷺羽。』又曰：『東門之枌，宛丘之栩，子仲之子，婆娑其下。』此其風也。」可見陳地頗信巫鬼，巫者歌舞之風鼎盛。

其五爲「晉地」：《左傳》僖公九年記太子申生降附於新城之巫，杜預注：「新城，曲沃也。」孔穎達疏云：「曲沃，晉之舊國。」按新城爲晉地，在今山西省聞喜縣。又成公十年記晉侯夢大厲被髮及地，召桑田巫解夢，此巫即爲晉地桑田邑之名巫；另襄公十八年記中行獻子將伐齊，梗陽之巫預言其將死亡，杜預注云：「梗陽，晉邑。在太原晉陽縣南。」又《史記・封禪書》記有「晉巫，祠

五帝、東君、……先炊之屬。」以上可知晉地巫俗至爲普遍，巫者甚爲活躍。

其六爲「衛地」：《國語·周語上》：「厲王虐，國人謗王。……王怒，得衛巫，使監謗者。」據韋昭注云：「衛巫，衛國之巫。」是知衛國亦有巫。

三、戰國時代巫之主要活動範圍——楚國及吳越

戰國時代，王官失守，百家爭鳴，民智益啓，巫道日衰，然巫者依舊存在，除沿海燕國、齊國一帶外，楚國的巫風特盛，而南方吳、越兩國亦盛行巫術，且淵源均極原始。

《列子·說符》、《淮南子·人間》及《呂氏春秋·異寶》等典籍均有「楚人鬼，而越人襪」的記載，而《漢書·地理志》亦記：「（楚地）信巫鬼，重淫祀」，又王逸《楚辭章句》及朱熹《楚辭集注》均稱楚國南郢、沅湘之間信鬼而好祠，顯示楚地巫風頗盛。

就地理環境而言，戰國時代，楚國係以江漢流域爲中心，飲馬黃河，叩兵南嶺，西威巴蜀，東震吳越，中國半壁河山盡入其囊中，疆域最大，物產富饒。《地理志》云：「楚有江漢川澤山林之饒，江南地廣，或火耕水耨。民食魚稻，以漁獵山伐爲業，果蓏蠃蛤，食物常足。……」又《墨子·公輸》云：「荆有雲夢，犀兕麋鹿滿之，江漢之魚鼈黿鼉爲天下富。」另《戰國策·楚策》亦稱：「楚，天下之強國也，……郇陽地方五千里，帶甲百萬，車千乘，騎萬匹，粟支十年，此霸王之資也。」楚地得天獨厚，物質生活優裕，人民有較多閒暇從事精神活動，而「果蓏蠃蛤」、「麋鹿魚鼈」等充當祭祀用的牲禮不虞匱乏，此有助於楚人的祭鬼祀神，並予巫者以較廣闊的活動空間。尤以楚地是有名的「水鄉澤國」，湖泊頗多，如雲夢大澤，煙波娘繞，正如宋代柳永〈雨霖鈴〉詞所描述「千里煙波，暮靄沈沈楚天闊」；而九嶷衡嶽，山高谷深，雲深霧濃，似有神靈騰雲駕霧，飄然下降，又倏忽遠逝。此種獨特的風土氣侯，使人民偏尚虛無，頗適於巫者作弄玄虛，施行巫術。

再就歷史源流考之，荆楚乃古帝顓頊之後，故三閭大夫屈原於〈離騷〉之自敍家世，首唱「帝高陽之苗裔兮」，顓頊高陽本身爲一大巫王，而顓頊爲神巫黃帝之孫，曾命其曾孫重黎兩位大巫絕地天通，其後帝堯又命重黎後代典掌天地之官，以至於夏商。〔註34〕《論語·子路》記孔子的話：「南人

〔註34〕見《史記·楚世家》及《國語·楚語下》。

有言曰：人而無恆，不可以作巫醫。」又《禮記・緇衣》也有類似的話：「南人有言曰：人而無恆，不可以為卜筮，古之遺言與？」以上南人當指南方蠻夷荊楚之人，而「巫醫」、「卜筮」均為遠古巫者主要職能，由此種傳言，可見楚巫淵源至早，可上溯至傳說中的黃帝，且源源不斷，一脈相傳。春秋時代，楚國范巫矞似謂成王與子玉、子西曰：三君皆將強死。（《左傳》文公十年），此巫可與楚國的最高統治集團過往，顯示巫在楚國占有特殊的地位。戰國時代，楚國君王也多信巫道，如前述吳人來攻，信巫祝的楚靈王仍鼓舞自若；而屈原時代的楚懷王也是如此：「楚懷王隆祭祀，事鬼神，欲以獲福助，却秦師。」（《漢書・郊祀志》）；又顓頊重黎後裔的屈原字「靈均」，「靈」可作「巫」解，本身巫術性格至濃，血脈內恐怕仍流動著巫王顓頊的血液，大陸學者彭仲鐸氏認為屈原是一巫者，〔註35〕只是缺乏直接證據證明其具巫覡身分。上有好者，下必從焉，於是「民神雜糅，不可方物，夫人作享，家為巫史」、「百姓夫婦擇其令辰，奉其犧牲，敬其粢盛，絜其糞除，慎其采服，禋其酒醴，帥其子姓，從其時享，虔其宗祝，道其順辭」（《國語・楚語下》觀射父語）。由此可知，楚國人民是如何的小心翼翼地祭祀其先祖鬼神。

　　楚人之信鬼神，重巫術，除前述外，考古材料也可充分證明。1942 年出土的楚帛書，四周繪以十二種神獸圖象，圖象旁附注月名及職司，下附釋語，說明某月禁忌某事或可行某事。1942 年出土的楚帛畫——夔鳳圖，氣氛詭祕，畫面上有一隻鳳鳥，一條夔龍，象徵生命和死亡，一個中年婦女（疑即女巫）合掌禱祝，在祈求生命的勝利。在楚墓中普遍發現鎮墓獸，如圖 29，不用說，也是用以驅邪避祟的。1965 年發掘的江陵望山一號楚墓和 1978 年發掘的江陵天星觀一號楚墓，都出土大量竹簡，內容主要是「占禱」，記載墓主生前向天神地祇人鬼占卜禱告疾病、吉凶、前途等事。〔註36〕另 1972 年初至 1974 年初，在湖南長沙——即楚國青陽之地「馬王堆漢墓」也發掘不少珍貴文物，其中有數本是關於醫藥學的帛書及天文書的專著——「五星占」及「天文氣象雜占」，另外還有兩張古地圖，疑均與古巫有關；又馬王堆一號墓所出土的帛畫，有人稱之為「非衣」，呈「T」形，像一件短袖長衣，如圖 30，利用 T 字形的橫與豎作分界，橫面為「天上」，豎面為「人間」及「幽冥」，大約在幻想死者靈魂升天及天國寧靜的情景，宗教色彩至濃，可見當時的巫俗信仰。另雲夢睡虎地｜

〔註35〕見彭仲鐸著〈屈原為巫考〉，《學藝》十四卷，九號。
〔註36〕見查瑞珍著〈楚國興亡初探〉，《南京大學學報》，1981 年第一期，頁 61。

一號秦墓的秦王，並非楚地土著，但他死時，卻在棺裡放置秦簡《日書》甲種和乙種。《日書》甲種和乙種，乃選擇吉凶的書，這是楚國傳統信仰的實際體現，反映了楚人尊尚巫鬼的風俗。〔註37〕

圖 29：信陽楚墓鎮墓獸　　圖 30：非衣〔長沙馬王堆一號墓出土西漢帛畫，
　　　　　　　　　　　　　　　　　　採自《長沙馬王堆一號漢墓》，北京、文
　　　　　　　　　　　　　　　　　　物出版社，1973 年〕

〔註37〕見韓養民著《秦漢文化史》第一章導論，頁 5。

《呂氏春秋‧侈樂》：「楚之衰也，作爲巫音」，「巫音」爲巫覡歌舞淫侈音樂，有類《尚書‧伊訓》所載「恆舞于宮，酣歌于室」之足以喪家亡國的「巫風」，可見楚國巫風盛行，導致國勢衰弱，終爲秦所滅；《史記‧封禪書》即記載有祠「堂下」、「巫先」、「司命」、「施糜」之屬的「荊巫」。然巫俗仍代代相傳下來，如唐詩人元稹即對此有所描述：

> 楚俗不事事，巫風事妖神；
> 事妖結妖社，不問疏與親。
> 年年十月暮，珠稻欲垂新；
> 家家不斂穫，賽妖無富貧。
> 殺牛貫官酒，椎鼓集頑民；
> 喧闐里閭隘，凶酗日夜頻。〔註38〕

由此可見楚地「巫風事妖神」的虔誠、喧鬧的盛況。又《新唐書‧劉禹錫傳》記劉禹錫貶朗州（即楚黔中地）司馬，在朗州十年，見蠻俗尚巫，「每淫祠，巫祝必歌俚辭，禹錫或從事於其間，乃依騷人之作爲新辭，以教巫祝。」此與屈原見南郢沅湘的俗人祭祀歌詞鄙陋，而爲之更作〈九歌〉之詞頗爲類似。另據宋代范致明撰《岳陽風土記》記載：

> 荊湖民俗，歲時會集成禱祠，多擊鼓，令男女踏歌，謂之歌場；疾病不事醫藥，惟灼龜打瓦或以雞子占卜，求祟所在，使俚巫治之，皆古楚俗也。

此可顯示楚地巫俗的源遠流長。

流風所及，楚國南方吳、越兩國亦爲巫者主要活動地帶。前述《列子》、《呂氏春秋》及《淮南子》等書均稱「越人機」，即信機祥之意。漢袁康撰《越絕書》卷二云：

> 墜出廟路以南通姑胥門，并周六里，舞鶴吳市，殺生以送死。……
> 虞山者，巫咸所出也。虞故神出奇怪，去縣百五里。

按「殺生以送死」即爲巫法，殉葬本屬巫俗。又「虞山」在今江蘇常熟縣西北，戰國時屬吳地，據此記載係爲赫赫大巫「巫咸」出生之地。另《史記‧殷本紀》：「伊陟贊言于巫咸」，依唐張守節正義稱：「巫咸及子賢家皆在蘇州常熟縣西海虞山上，蓋二子本吳人也。」因「虞山」瀕海，「海虞山」當即「虞山」，巫咸生於此，與其子巫賢均葬於此，張守節稱二人本爲吳人，可見吳地

〔註38〕見《元氏長慶集》卷三。

巫風之盛。又元代沈貞撰「樂神曲序」云：「……吳人上鬼，祀必以巫覡迎送，舞歌登獻，其辭褻慢，禳災邀福，不知其分，滋黷甚矣！」〔註39〕可見迄至元代，吳地巫風仍極盛行，巫俗仍極普遍。

《抱朴子・至理》：「吳越有禁呪之法，甚有明驗，多炁耳。知之者，可以入大疫之中，與病人同牀而己不染。」「禁呪」爲巫覡所行主要巫術，吳越兩地此術靈驗。因古代越人擅長此禁呪之術，故有所謂的「越方」，如《後漢書・徐登傳》云：「趙炳，字公阿，東陽人，能爲越方。」顯見越國這種禁呪方術，極爲流行。另據《史記・孝武本紀》載稱：

> 是時既滅南越，越人勇之乃言：「越人俗信鬼，而其祠皆見鬼，數有
> 效。昔東甌王敬鬼，壽至百六十歲，後世謾怠，故衰耗。」乃令越
> 巫立越祝祠，安台無壇，亦祠天神上帝百鬼，而以雞卜。

此節《漢書・郊祀志》亦有相同的記載，可見越國巫俗至盛。又《文選・西京賦》：「東海黃公，赤刀粵祝；冀厭白虎，卒不能救。」李善注云：「東海有能赤刀禹步，以越人祝法厭虎者，號黃公，又於觀前爲之。」祝爲巫所分化，黃公以越人祝法厭伏白虎，足證此種巫術甚爲靈驗，遠播東海各地。此外，《越絕書》卷八記載：

> 巫里，勾踐所徙巫爲一里，去縣二十五里，其亭祠今爲和公群社稷墟。
> 巫山者，越魑神巫之官也，死葬其上，去縣十三里許。……
> 江東中巫葬者，越神巫無杜子孫也；死，勾踐於中江而葬之，巫神
> 欲使覆禍吳人船，去縣三十里。

以上「巫里」有如「巫咸國」，住的全是越王勾踐所遷徙的巫，僅此一端，已足證明越巫的普遍；又「巫山」因葬巫而取名，與前述四川、湖南、山東之「巫山」同名異地，然均曾爲巫者活動地帶。又春秋末葉，吳、越兩國對敵，勾踐於江中葬巫，藉便翻覆禍害吳人之船，可見越國神巫神通廣大，且頗受人崇信。據上所述，春秋戰國時越地巫覡頗爲活躍，巫術種類繁多，巫俗傳統世代相傳，迄至清代，越地仍盛行巫風，如清人李調元撰《南越筆記》載稱：

> 南越人好巫，……廣州婦女患病者，使一嫗（按：當即「巫嫗」）左
> 持雄雞，右持米及箸，於閭巷間嘷曰：「某歸」，其一嫗應之曰：「某

　　歸矣」，其病旋愈。此亦招魂之禮，是名雞招。〔註40〕
即其明例。

　　以上謹將先秦巫者主要活動範圍作一鳥瞰，係以典籍記載者爲限，其未
引述，或未見載於典籍者，並非意味該國（地）沒有巫覡，缺乏巫俗，在文
化、科學較落後的古代，巫風流行應是全面性的，即全國各地都有巫，只是
前揭諸國──尤其是楚國，巫風特盛，故史冊記載較多罷了，由目前我國各
地區──特別是邊疆民族都保有巫術傳統，流行巫俗信仰以及每一鄉里都有
巫覡的情形來看，先秦巫者活動範圍自應包括各地區，足跡遍布全國各角落。

〔註40〕見《南越筆記》卷四「南越人好巫」條，《叢書集成》本。

第四章　先秦時代巫之職能

　　先秦巫者之職能至為廣泛，幾乎涉及當時人生的各個層面，正因巫者具有多重功能，能順應人們的生活需要，與社會關係密切，故能綿綿不絕，長久存在。巫者自遠古時代迄至周末，職能代有變遷，然其主要職能，則大抵相同，因殷商以前文獻稀少，渺茫難稽，現唯有自殷周的文獻資料及漢人的典籍著作中略窺先秦巫者的職能。

　　在有關典籍中，記載巫之職能最為詳細者，莫過於《周禮·春官》：

> 司巫掌群巫之政令。若國大旱，則帥巫而舞雩（祈雨）；國有大裁，
> 則帥巫而造巫恆（除災）；祭祀，則共匰主及道布及蒩館；凡祭事，
> 守瘞（祭祀）；凡喪事，掌巫降之禮（降神）。

> 男巫掌望祀、望衍、授號，旁招以茅（祭祀）；冬堂贈無方無算（送
> 不祥）；春招弭以除疾病（除病）；王弔，則與祝前（弔祭）。

> 女巫掌歲時祓除釁浴（除不祥）；旱暵則舞雩（祈雨）；若王后弔，
> 則與祝前（弔祭）；凡邦之大裁，歌哭而請（除災）。

以上記載周代司巫、男巫及女巫之職能約有：祈雨、除災、祭祀、降神、送不祥、除病及弔祭等項，此為周官所訂巫官之職掌；另巫者在民間亦進行卜筮預言、醫治疾病、星相災異、禁呪厭勝、解夢兆、招魂魄及察隱微等工作。而巫者在行使職事前，多須先「降神」，神降之後，方能進行工作。

　　降神為巫者重要神能，意即神因巫者之請，而降附憑依在巫者身上，或他人身上，或一件物體上，俗稱「鬼入」，即「鬼上身」，被降附者，能代鬼神說話，宣達鬼神旨意，唐代元稹〈華之巫〉詩所謂「神不自言寄余口」即是。巫

者降神之事，《國語·楚語》記觀射父的話說「聰明聖智」的人方能得「明神」之青睞而降附，此爲概括之說明；至其具體之事例，如《左傳》僖公十年記太子申生降附於新城之巫，《楚辭·離騷》記載「巫咸」將夕降（按此處巫咸，已是「死而爲神」的巫神）等是。巫者之所以神通廣大，無所不知，主要是藉助降附於身上的神靈，故知「降神」爲巫者諸般行事之預備程序。

　　以下謹就祭祀、祈雨、卜筮、醫病、解夢及除災邪等巫者所掌主要職事，分節說明如次。

第一節　祭　祀

　　《禮記·祭統》載云：「凡治人之道，莫急於禮；禮有五經，莫重於祭。」在鬼神氣氛瀰漫的先秦社會中，祭祀無可避免地成爲國家兩件大事之一——《左傳》成公十三年云：「國之大事，在祀與戎。」我國古代經書如《詩經》、《左傳》、《周禮》及《儀禮》等書有關祭祀之記載，不勝枚舉，尤以《禮記》一書更有「祭法」、「祭義」及「祭統」等專章討論祭祀，古代祭祀之重要，於此可見。

　　祭祀旨在交通鬼神，故極慎重，有一定的儀禮方式，非專業人員難以勝任，因巫能通神見鬼，祭祀之事自由其主持。巫掌祭祀，除前述《周禮·春官》所載：「（司巫）祭祀則共匰主及道布及蒩館；凡祭事，守瘞。（男巫）掌望祀、望衍、授號，旁招以茅。（女巫）若王后弔，則與祝前。」外，其餘典籍所載甚少，其原因蓋在巫至殷周，已分化爲「史」、「祝」、「宗」及「工」等職，其宗教權被分走一部分，祭祀也包括在內。前揭「司巫」、「男巫」等巫官所掌祭祀事項，並非主要，且極有限，倒是巫所化身的史、祝、宗、工等職所掌的祭祀較爲廣泛而重要，而此類宗教官職所掌祭事，實亦即巫之所掌。茲分述如次：

　　據《周禮·春官》記載「大史」、「小史」之職掌爲：

　　　　（大史）……大祭祀，與執事卜日；戒及宿之日，與群執事讀禮書
　　　而協事；祭之日，執書以次位常，辨事者攷焉，不信者誅之。

　　　　（小史）……若有事（疏云：謂在廟中有祈祭之事），則詔王之忌諱；
　　　大祭祀，讀禮濃，史以書敘昭穆之俎簋。

由此可知，國家大祭祀之事，係由大、小史掌管，且祭祀過程隆重，顯示其責任重大，此可自《左傳》閔公二年記狄人因史官華龍滑與禮孔來逐衛人，彼二人云：「我大史也，實掌其祭。不先，國不可得也。」一事得到印證。又

昭公十七年亦記載：「晉荀吳帥師涉自棘津，使祭史先用牲于雒。陸渾人弗知，……遂滅陸渾。」此則史於陣前祭祀，祈求敗敵之例。

至於「祝」官，《說文》釋「祝」為「祭主贊詞者」，祝之字形，即象人下跪，面神而拜禱祈求的樣子，可見祝與祭祀關係的密切。祭祀實為祝的專職，他的主要任務在代表祭者向鬼神致辭。《周禮・春官》記載「大祝」、「小祝」、「喪祝」、「甸祝」及「詛祝」等祝官之職掌，多與祭祀有關。茲舉大、小祝之職掌，即可見其一斑：

> 大祝掌六祝之辭，以事鬼神示，……掌六祈，以同鬼神示。……辨九祭。……凡大禋祀、肆享、祭示，則執明水火而號祝。……國有大故天裁，彌祀社稷禱祠。……

> 小祝掌小祭祀，將事侯禳禱祠之祝號，以祈福祥，……大祭祀，逆齍盛、送逆尸、沃尸盥、贊隋、贊徹、贊奠。……

與此類似的，尚有《周禮・天官》記載「女巫」掌「王后之內祭祀，凡內禱祠之事」及《禮記・郊特牲》記載：「凡祭，……詔祝於室，坐尸於堂，用牲於庭，……」等均屬之。另外，《毛詩・楚茨》亦記載：「祝祭于祊」，《論語・憲問》亦有「祝鮀治宗廟」之語。凡此均可見祭祀為祝的首要職事。

再說「宗」官，「宗」的字形是从示在宀下，示為神事，即象人在屋內從事鬼神事務；《說文》解釋「宗」為「尊祖廟」，「宗」和「宗廟」大有關係，是專掌宗廟祭鬼祀神的宗教職官。據《周禮・春官》記載，宗之職掌多與祭祀有關，如：

> 大宗伯之職掌建邦之天神、人鬼、地示之禮。……

> 小宗伯之職掌建國之神位，右社稷，左宗廟。……

> 內宗掌宗廟之祭祀，薦加豆籩。……

> 外宗掌宗廟之祭祀，佐王后薦玉豆，眂豆籩。……

> 都宗人掌都祭祀之禮。……

> 家宗人掌家祭祀之禮。……

以上記載，顯見宗是以「宗廟祭祀」及其相關之事為主要職掌。

接著是「工」官，《說文》稱工與巫同意，實為巫的一種別稱，未見載於《周禮》之中。最初的工，應包括一切與宗教有關的工藝。他懂得使神喜歡的一切方法，如周公自稱他「多材多藝，能事鬼神」即是；唯後來意義演化，

至周代有「樂工」、「工官」、「工祝」及「工商」諸義，其中「工祝」這種人保存著較大部分原始巫的傳統。《毛詩・楚茨》記載：「工祝致告，徂賚孝孫」，此處「工祝」即「巫祝」之意，係在祭祀時代主人向神致告；又《楚辭・招魂》亦有「工祝招君」之語，招魂亦爲祭祀之一，由工祝來負責執行。

據上所述，巫至殷周，雖化身爲史、祝、宗及工，然均職掌祭祀之事，而周官更明載「司巫」、「男巫」、「女巫」等巫官掌理各項祭事，已見前引述，顯見祭祀爲巫的主要職能。

第二節　祈　雨

我國以農立國，農業是古代經濟中的主要部分，農作物的豐收與否，關係到整個國計民生，而雨量的多寡，又影響農業的生產。因古代鑿井技術尚未發達，故在雨水缺乏時，就要祈求蒼天降雨，古代人尚不明白下雨的原因，每遇大旱，輒以爲上天的懲罰，唯有向冥冥中的主宰歌哭請雨，別無他法。因巫覡介於天人之間，此種祈天降雨的事，自然由其負責處理；反之，如天久雨不停，釀成水災，同樣由巫覡來祈天止雨，惟卜辭這方面記載較少。

帶有巫術意味的祈雨祭，起源至早，且多以樂舞爲之。甲骨文中有「霝」字（如《殷契粹編》八四五片），是求雨舞的專字，此字下面所從的「無」即係「舞」字。以舞求雨，卜辭記載甚多，如：

> 丙辰卜，貞：今日奏舞，⾘从雨？（粹七四四）

> 舞，允从雨。（續一・三三・五）

> 貞，我舞，雨。（乙七一七一）

> 舞，雨。（燕五三三）

因祈雨之祭在當時爲國家大事，故爲群巫之長的商王亦親自參與，如卜辭記載：

> 王舞，允雨。（京都三〇八五）

> 王舞？貞：王勿舞？（乙二五九二）

> 王其乎戍霝盂，又雨。（掇一・三八五）

流傳甚廣的巫王商湯禱於桑林求雨救旱的故事，也是王者求雨的例子。但他是以自身爲犧牲，積薪焚祭，與暴巫焚尪的古俗有關。

《周禮・春官》記司巫「若國大旱，則帥巫而舞雩」，又記女巫「旱暵則舞

雩」，注云：「雩，旱祭也」；另《禮記‧月令》：「大雩帝，用盛樂」，亦注云：「雩，吁嗟求雨之祭也」。「舞雩」即以舞求雨之祭，從上揭記載看來，「舞雩」這種求雨祭在古代是一件盛大隆重的事。巫者以舞蹈呼號來祈天降雨，名其舞者爲「巫」，名其動作爲「舞」，名其聲音爲「吁」，名其求雨之祈禱行爲爲「雩」，巫、舞、吁、雩四字都是同音的，都是從求雨之祭而分衍出來的。〔註1〕

《毛詩‧定之方中》載云：「靈雨既零」，「靈雨」之「靈」字，上從雨，下從巫，中從三口，係會合巫者多人吁嗟歌號或一巫者不斷念念有詞或吁嗟歌號而得雨之會意字，如巫者歌哭祈雨後，果眞下起雨來，則表示「靈驗」，「靈」之制字疑即緣巫求雨而來。然而舞雩之後，如天仍不降雨，則另有「曝巫」的祈雨祭，把巫拉到火一樣灼熱的太陽底下曝曬，一則懲罰巫者舞雩不能致雨之罪；一則向天神施行苦肉計，祈其憐憫而降雨。此種「曝巫」之俗，起源至早，《山海經》中即有記載：

> 有人衣青，以袂蔽面，名曰女丑之尸。（〈大荒西經〉）

> 女丑之尸，生而十日炙殺之，在丈夫北。以右手障其面，十日居上，
> 女丑居山之上。（〈海外西經〉）

「女丑」即求雨的女巫，以袂或手遮面，足見太陽之炙熱，此爲早期曝巫的記載。又《禮記‧檀弓下》記載天大旱時，魯穆公想要曝巫尪而問縣子，縣子基於人道立場，知曝巫不一定得雨，而加以反對；與此類似的事例，如《說苑‧辨物》記載齊國大旱，景公聽從晏子的建議，出野暴露三日，天果然下起大雨，此可與商湯禱雨之事相參考。此外，西漢董仲舒著《春秋繁露‧求雨》記載：「春旱求雨，暴巫聚尪八日，……秋，暴巫尪至九日，……」，顯示曝巫之俗，不但起源甚早，且至漢代乃極流行。

另外有一種比「曝巫」更爲殘忍的祈雨祭爲「焚巫」，即以巫爲犧牲，用火焚燒，以求降雨的一種祭祀儀式。這種情形在商代頗爲普遍，甲骨文中記載很多，如：

> 貞，烄奻，凷其雨。□貞，烄婞，出雨。（佚一○○○）

> □□卜，殻貞：烄奻……古婞烄。（簠雜六七）

> 甲辰卜，賓貞：烄婞……勿烄婞，凷其从雨。（前六‧二七‧一）

> 于甲烄凡……于癸烄凡……弜烄凡，不雨。（郢三‧四八‧三）

〔註1〕　見陳夢家著《殷虛卜辭綜述》第十七章，頁600～601。

　　烄酌，屮从雨，……勿烄酌。(續五・一四・一)
　　□□卜，其烄玖。(粹六五三)

「烄」字卜辭作「𤆩」或「𤇾」等形，象一個人交股被火焚燒之形。上引被
烄以求雨的「妼」、「婞」，从女旁，陳夢家氏以爲是女巫，其他有可能是男巫。
〔註2〕其說大抵可信；然烄巫時，是否眞正將巫活活燒死，則不無疑義，一則
巫在殷代掌有神權，當不致創造危害自身性命的祭法，二則被焚之「妼」、「婞」
等女巫重複出現，如一次焚死，必不重現，或者僅象徵性的焚燒，於薪柴點
燃時，人即離開。如《文選》思玄賦李善注引《淮南子》記商湯積薪自焚，
火將燃時，即降大雨；又如《太平御覽》卷十引《莊子》佚文稱宋景公時大
旱，經卜筮須以人祠才會降雨，景公將自當犧牲，話未說完，天就下起大雨。
此種類似焚巫的祈雨祭事，多以喜劇收場，然以常情度之，古代必有被焚燒
致死之巫，尤其在商代或商代以前更爲普遍，因它是一種宗教的儀式，所以
未見載於主要典籍，大概是此事涉及迷信，且不人道的緣故。此可見《左傳》
僖公二十一年記載當時焚巫祈雨仍極普遍，僖公因臧文仲的諫止沒焚巫尪，
是一特殊案例，所以才被記錄下來一事得到印證；參以前述魯穆公欲暴巫尪
之事，顯示儘管有開明人士在反對，可是曝巫乃至焚巫的祈雨祭，在民智未
開的古代仍爲人們所深信並實行著，同時亦可推知，「祈雨」爲先秦巫者的一
大職事。

第三節　卜　筮

　　卜筮爲古代社會生活中的一個重要部分。司馬遷在《史記・太史公自序》
中說：「三王不同龜，四夷各異卜」，可見卜筮之事，起源至早，且遍布各族。
從考古發掘來看，龍山鎮城子崖遺址發現了十六塊卜骨，可知我國至少在新
石器時代龍山期即有成套的占卜技術了。因卜筮類似猜謎，而其謎底多只
「是」與「不是」兩種，猜中的比率高達百分之五十，如有某位初民碰巧猜
中次數較多，亦即卜筮預言極爲靈驗，人們便認爲他能通神而請他占卜，久
而久之，專業的卜師 —— 即後來通稱的「巫師」出現了。其後，文化日進，
民智益蒸，巫師爲壟斷此業，並適應社會複雜化之需要，爰將占卜筮卦加以
改進，使其益趨精密複雜，外人難以窺其堂奧，卜筮之事，遂成爲先秦巫者

〔註2〕見陳夢家著《殷虛卜辭綜述》第十七章，頁 602～603。

的專門職能。

　　《呂氏春秋・勿躬》及《世本・作篇》均記載：「巫咸作筮」，而《周禮・筮人》亦載：「九筮之名，……二曰巫咸」，因巫咸爲有名大巫，所處時代說法不一，此作筮之「巫咸」，可能只是託名，意即「筮」爲「巫」所創作。就造字而言，「筮」字從竹巫，會巫以竹製卜具進行卜筮之意，《說文》解釋「筮」字爲：「筮，易卦用蓍也，从竹𥶡，𥶡，古文巫字。」此於筮之制字以見巫之職務者。

　　先秦巫者從事卜筮工作，文獻記載頗多，如《楚辭・招魂》中，巫陽曾替天帝卜筮其欲輔助的人，辭云：

　　帝告巫陽曰：「有人在下，我欲輔之，魂魄離散，汝筮予之。」巫陽
　　對曰：「掌夢！上帝其命難從，若必筮予之，恐後之謝，不能復用。」
　　巫陽焉乃下招……

又如《莊子・應帝王》記載：

　　鄭有神巫曰季咸，知人之生死存亡、禍福壽夭，期以歲月旬日若神。

此季咸善於卜筮預言，料事如神，不愧爲「神巫」，在《列子・黃帝》亦有相同記載。此外，《淮南子・精神》亦載稱：「鄭之神巫，相壺子林，見其徵，告列子。」高誘注：「巫能占骨法吉凶之氣，故見其兆徵。」以上兩位鄭巫，均精於卜筮，可相參看。

　　另外，《荀子・王制》更明確指出卜筮是巫覡的職事，辭云：

　　相陰陽，占祲兆，鑽龜陳卦，主攘擇五卜，知其吉凶妖祥，傴巫跛
　　擊之事也。——「擊」爲「覡」之假借字。

此爲王者序官之一，國家大小事各有職官掌理，其中察看陰陽，占候祲兆等卜筮吉凶的事情，則專門由巫覡來管理。再看〈離騷〉的記載：

　　索藑茅以筳篿兮，命靈氛爲余占之。……
　　欲從靈氛之吉占兮、心猶豫而狐疑。……
　　靈氛既告余以吉占兮，歷吉日乎吾將行。……

這裡牽涉到兩個問題：一是占卜工具，二是占卜者。占卜工具爲「藑茅」（靈草）及「筳（小折竹）篿（圓竹器，即竹筒）」；又占卜者爲「靈氛」，按王逸注〈九歌〉云：「靈，巫也。楚人名巫爲靈子。」注釋《楚辭》的人，自王逸以下多把「靈」釋作「巫」，可知「靈氛」應爲一名巫，可能和〈大荒西經〉十巫中的「巫盼」有關。另外，《周易・巽》載云：「……九二，巽在牀下，

用史巫，紛若，吉无咎。」意謂常用史巫卜筮祝禱，彼等來去紛紜，自吉無咎。凡此均爲巫者從事卜筮之明證。

宗周時代，巫者分化出史、祝、宗、工、卜等職，其中「卜」職掌卜筮之事，自不用說，《楚辭·卜居》即記屈原被放逐三年後，不能救罪召回，心煩慮亂，不知所從，曾往見太卜鄭詹尹請其卜筮決疑，詹尹實爲古巫所化身的國家卜師。此外，「史」亦掌卜筮之事，古籍記載極多，如：

> 晉趙鞅卜救鄭，遇水適火，占諸史趙、史墨、史龜。(《左傳》哀公九年)

> 初，晉獻公筮嫁伯姬於秦，遇歸妹☳☱之暌☲☱。史蘇占之曰：不吉。(《左傳》僖公十五年)

以上四位史官均精於卜筮，而史源於巫，自可推知卜筮爲古巫之所擅長。

第四節　醫　病

醫源於巫，巫爲最早的醫生，能爲人祛邪治病，故一般稱之爲「巫醫」。古籍有關「巫醫」記載甚多，如：

> 不可以作巫醫 (《論語·子路》) —— 此爲「巫醫」最早見諸典籍之記載。

> 鄉立巫醫 (《逸周書·大聚解》)

> 好用巫醫 (《管子·權修》)

> 巫醫毒藥 (《呂氏春秋·盡數》)

> 以巫醫匍匐救之 (《說苑·脩文》)

由「巫醫」一詞，足可證明巫與醫關係之密切。《說文》解釋「醫」字爲：「治病工也。……古者巫彭初作醫。」工與巫造字原則相同，古時工就是巫，故治病「工」實即爲醫病的「巫」；而許慎認爲「巫彭」最先作醫，可知醫之創作，與巫大有關連。《廣雅·釋詁》：「靈子、毉、毉，巫也。」「醫」字古體作「毉」，匚象人身體，被「矢」射入，或被「殳」這種古代兵器所傷，於是請巫加以治療，此即爲「毉」，爲最早的醫生，顯示「巫」「醫」同義，在古代同爲一人；後來醫學進步，巫術式微，改以藥酒來麻醉治療病患，「毉」字遂改作爲「醫」字。不可否認地，早期醫病的工作是由巫者來負責的。

上古時代，由於民智未啓，醫學不發達，鬼神主宰一切的觀念極爲盛行，人們往往相信疾病不完全由己身所引起，而認爲是鬼神的作祟（《說文》解釋「祟」爲「神禍」），此種以疾病爲鬼神所祟的現象，古籍頗多記載，如《莊子·天道》：「其鬼不祟」；《管子·權修》：「鬼神驟祟」；《左傳》昭公元年：「叔向問焉，曰：寡君之疾病。卜人曰：實沈、臺駘爲祟。」；《新序·節士》：「晉景公病，卜之，大業之胄者爲祟。」在此種背景下，號稱能降神驅鬼以治癒疾病的巫者自然應運產生，且在古人與疾病抗爭的歷史中扮演極爲關鍵的角色。

古代文獻有關巫者從事醫病工作的記載，較早期的如《山海經·海內西經》云：

> 開明東有巫彭、巫抵、巫陽、巫履、巫凡、巫相，夾窫窳之尸，皆操不死之藥以距之。

以上六巫，郭璞注云：「皆神醫也」。又〈大荒西經〉亦載：

> 有靈山，巫咸、巫即、巫盼、巫彭、巫姑、巫眞、巫禮、巫抵、巫謝、巫羅十巫，從此升降，百藥爰在。

以上十巫與前揭六巫有重複者，這群巫師當然也是神醫。六巫皆操不死之藥，十巫亦從靈山採取百藥，如此神話傳說資料可信，則早期神巫即以「草藥」攻病，非僅「祈禱咒詛」而已，實情如何，尚無其他文獻可資證明，然在神權信仰的先秦時代，巫者以「祈禱咒詛」等方法治病的，應比較爲科學的藥物治療方法來得普遍，如《黃帝內經·素問》云：「余聞古之治病者，唯其移精變氣，可祝由而已也。」王冰注云：「祝說病由，不勞針石，故曰祝由。」「祝由」是一種精神治療法，在一定的程度內，自有其治療功效。《尚書·金縢》即記載周公曾爲武王禱疾；《論語·述而》也記載子路想替孔子祝禱；又《淮南子·說山》載云：「病者寢席，醫之用針石，巫之用糈藉，所救鈞也。」此爲巫醫分家後的事，惟巫仍用糈米享神，並以菅茅除邪去病，即以「祈禱咒詛」的方法來治病；此外，《周禮·春官》記「男巫」職掌之一爲「春招弭，以除疾病」，據賈公彥疏稱「招弭」爲「招福安禍，與侯禳意同」，此亦求助於鬼神，未用藥物治療；再者，《列子·周穆王》記載宋國陽里華子中年得到健忘症，曾「謁巫而禱之」，但仍不能禁止他的健忘行爲，此即巫以祝禱治病之明例。

其他巫者治病救人之例尚多，如《楚辭·天問》：

> 阻窮西征，巖何越焉？

化爲黃熊，巫何活焉？

此言鯀已化爲黃熊，神巫是如何使他復活的？此神巫蓋如前揭開明東之六巫操不死藥以救窫窳者同，均懷有起死回生之絕技，然僅止於傳說而已。又如《孟子·公孫丑上》：

孟子曰：矢人豈不仁於函人哉？矢人惟恐不傷人，函人惟恐傷人。

巫匠亦然，故術不可不慎也。

此段話關鍵在於「巫匠亦然」一句。據趙岐注稱：「巫欲祝活人；匠，梓匠作棺，欲其蚤售，利在於人死也。」由此可知，巫者治病救人，在孟子時代，仍極普遍；不要說先秦，就是漢代以後，巫者仍沿續行醫的傳統，如東漢王符著《潛夫論·浮侈篇》即記載：「疾病之家，……或棄醫藥，更往事神，故至於死亡，不自知爲巫所欺誤，乃反恨事巫之晚。」就此一端，即足證明巫醫在古代是如何地爲世人所信賴並崇奉；而在科學昌明的今日，相信巫醫的人仍不在少數，且不限於鄉下。

據上所述，先秦時代醫病療疾工作，主要由巫者負責；尤其在早期，「巫者」就是「醫生」，而巫者治病，多用「祝禱」方式，但也使用草藥，故出現不少神巫。後來醫學進步，巫醫分家，但巫仍兼行醫；在戰國時代，雖然扁鵲曾提出「信巫不信醫」爲「六不治」中的一項，〔註3〕但巫醫的傳統已根深蒂固地深植民間，信巫的仍大有人在；且此傳統並一直延續，便如現今之巫，亦多兼行醫療——開仙方（草藥），以香灰（靈丹）治人疾病，可見巫對我國古代醫學貢獻至大，且其影響至爲深遠。

第五節　解　夢

夢爲人在睡覺中的自然生理現象，古人莫明其妙，多視爲不可思議的神權作用：有些夢更被認爲是鬼神的啓示，在預告人事的吉凶禍福。《列子·周穆王》記載：「神遇爲夢」，古人甚至相信夢爲人神溝通的管道；《墨子·非攻下》載有周武王即位時，曾夢見三位神人告訴他可以攻紂的故事，但類似此種神鬼直接告知人們吉凶休咎的夢並不多，一般夢兆，仍須由專業人員解說，即所謂「解夢」；而解說夢兆也就是預卜未來的事情，故又稱爲「占夢」。夢既被古人認爲是神權作用，是鬼神的啓示，解夢的工作，自然而然地就落在

〔註3〕見《史記》卷一〇五〈扁鵲倉公列傳〉。

能見鬼通神的巫者身上。

巫者解夢之具體例證，首見於《左傳》成公十年：

> 晉侯夢大厲被髮及地，搏膺而踊曰：殺余孫不義，余得請於帝矣！壞大門及寢門而入，公懼，入于室，又壞戶。公覺，召桑田巫，巫言如夢。公曰：何如？曰：不食新麥！公疾病求醫于秦。

此桑田巫替晉侯解夢，說他活不過吃新麥的時候。晉侯不信，到周曆六月，他叫人獻麥、煮麥，並召桑田巫來驗證，即將吃麥，忽然腹漲，結果陷於廁中死亡。又襄公十八年也記載：

> 秋，齊侯伐我北鄙，中行獻子將伐齊，夢與厲公訟，弗勝。公以戈擊之，首隊於前，跪而戴之，奉之以走，見梗陽之巫皋。他日見諸道，與之言同。巫曰：今茲主必死，若有事於東方，則可以逞。獻子許諾。

依杜預注，厲公是獻子所弒殺的，獻子夢見被厲公以戈擊殺，首墜於地，是為凶夢，而名為「皋」的梗陽巫卻解釋為吉兆，勸獻子出兵伐齊，獻子也同意，可見當時巫者解夢具有相當的權威，為一般人所相信。又昭公三十一年亦記化身為「史」之巫，從事占夢的事：

> 是夜也，趙簡子夢童子臝而轉以歌。旦，占諸史墨曰：吾夢如是，今而日食，何也？對曰：六年及此月也，吳其入郢乎？終亦弗克，入郢必以庚辰，日月在辰尾。庚午之日，日始有謫，火勝金，故弗克。

史墨知夢並非日食之應，故僅釋日食之咎，而不釋其夢，由此可見，巫者解夢似無一定的準則，此例已將日食之兆、夢兆、星辰運行及五行生剋等因素結合在一起，極其複雜，如無專業的知識，將難以勝任，可能巫史之流有意使占夢複雜化，以便壟斷市場，攫取利益。另外，《國語‧晉語二》記載：

> 虢公夢在廟，有神人面白毛虎爪，執鉞立於西阿，公懼而走。神曰：無走，帝命曰：「使晉襲於爾門」，公拜稽首。覺，召史嚚占之，對曰：如君之言，則蓐收也，天之刑神也，天事官成。公使囚之，且使國人賀夢。……六年，虢乃亡。

此事《說苑‧辨物》也有相同的記載，當本於此。史嚚替虢公占夢，說是刑神蓐收將懲罰虢國，虢公不信，將史嚚囚禁，仍驕奢淫侈，六年後果然亡國。由史嚚的解夢，可知他對鬼神的歷史知道很多，也可算戰國巫解夢的事例。

占夢的起源甚早，殷墟卜辭中即見商王卜夢的紀錄；〔註4〕宗周一代，占夢之事極其普遍，周官並設有「以日月星辰占六夢之吉凶」的「占夢」職官，此官實爲古巫所分化的廣義巫官；因占說夢兆的事，涉及鬼神吉凶，自屬巫史等宗教官吏的職責，故如《左傳》等典籍也就明確記載了巫史解夢的事例。

第六節　除災邪、招魂魄、察隱微及其他

一、除災邪

因巫通鬼神，對鬼神的狀況瞭若指掌，能利用舞蹈、歌哭、祈禱或符咒等方式，和神靈打交道，延請神靈附身，並藉助附身神靈的威力來驅除邪魔。在鬼神觀念支配的時代，人們往往把天災人禍歸咎於鬼神，認爲國有大災，是天神所降；民有凶禍，是鬼物所祟。爲除邪去災，祈求福祉，古人大抵委請介於人神之間的巫者來處理。

《周禮·春官》所載周代巫官即掌有除災邪的事，如「司巫」遇國有大烖，則帥巫而造巫恆；「男巫」於冬時，則堂贈（逐疫）、無方（舞方巾）、無筭（持筭而舞）；「女巫」於歲時袚除釁浴，凡邦之大烖，歌哭而請。以上巫者除災邪的方式，「造巫恆」及「歌哭而請」屬祈禱之類，「堂贈」及「袚除釁浴」屬驅除之類，前者與鬼神妥協，後者與邪魔抗衡。

巫者除災邪的具體事例，如《左傳》襄公二十九年記載：

> 楚人使公親襚，公患之。穆叔曰：袚殯而襚，則布幣也。乃使巫以桃茢先袚殯，楚人弗禁，既而悔之。

此一事件，《禮記·檀弓下》記述較爲簡略：

> 襄公朝于荆，康王卒。荆人曰：必請襲。魯人曰：非禮也。荆人強之。巫先拂柩，荆人悔之。

襄公請巫先以桃茢袚殯，楚人何以後悔？〈檀弓下〉的記載可得到答案：「君臨臣喪，以巫祝桃茢執戈，惡之也，所以異於生也。」巫以桃茢袚殯，乃君臨臣喪之禮，楚人因此不得不默認襄公爲君，康王爲臣，後悔自己的俯首稱臣。依鄭玄注，桃爲鬼所畏之物，茢爲萑苕，可掃不祥，因死者有凶邪之氣，故巫以桃茢掃除之。今人以桃符貼門避邪，也是同一原理。

〔註4〕如「壬午卜，王曰貞，又夢。」（鐵藏二六·三）

晉朝崔豹撰《古今注》問答釋義第八云：

> 程雅問拾櫨木一名無患者。昔有神巫名曰寶，眊能符劾百鬼，得鬼
> 則以此為棒殺之。世人相傳以此木為眾鬼所畏，競取為器用，以卻
> 厭邪鬼，故號曰無患也。

此名為「寶」的神巫，未載明何代人物，能以符咒劾厭眾鬼，並以拾櫨木棒
擊殺，趕盡殺絕，根除後患。又《韓非子・說林下》：「巫咸雖善祝，不能自
祓也」，此言雖如鼎鼎大名的神巫巫咸，猶且不能自行除災求福；《論衡・言
毒》：「巫咸能以祝延人之疾，愈人之禍者，生於江南，含烈氣也。」此亦記
載巫咸能以祝呪神術，以解除人們的災禍。

　　此外，巫所分化出來的「祝」，也掌理除災邪的事，如《周禮・春官》記
「大祝」掌六祝之辭，其四為「化祝」，鄭玄注云：「弭災兵也」，也就是化解
災禍的意思。又周代盛行驅鬼逐疫的「儺祭」，也是巫者除邪的儀式，《周禮・
春官》記載：「（占夢）遂令始難毆疫」，占夢是周代命令開始儺祭的官吏，又
《禮記・月令》亦載：「（季春之月）……命國難，九門磔攘，以畢春氣。（仲
秋之月）……天子乃難，以達秋氣。（季冬之月）……命有司大難，旁磔，出
土牛，以送寒氣。」據此可知，周代宮廷，每年要舉行三次儺祭。另《論語・
鄉黨》記載：「鄉人儺，朝服而立於阼階。」這裡可以看出孔子在鄉人行逐疫
鬼祭中的態度表現：他看見鄉人招搖過市進行儺祭時，規規矩矩地穿著上朝
的衣服，站立在東階上，顯示他「敬鬼神而遠之」（《論語・雍也》）的一貫態
度。有關儺祭過程較為詳細的記載莫過於《周禮・夏官》，其記儺祭的場面甚
為龐大，領導人物為「方相氏」，辭云：

> 方相氏掌蒙熊皮，黃金四目，玄衣朱裳，執戈揚盾，帥百隸而時難，
> 以索室毆疫；大喪，先匶；及墓，入壙，以戈擊四隅，毆方兩。

古人相信疫癘鬼物多寄存於室內某處，如屋角、牆壁、床下及傢俱中，故定
時舉行儺祭，由方相氏化裝成恐怖怪異的形象，並攜持道具，帶領數百人的
打鬼隊伍，登堂入室，進行打鬼、罵鬼、驅鬼及捉鬼的工作，以免鬼祟伺機
蠢動，帶來災疫。看方相氏的打扮裝束及動作內容，巫術意味極濃，雖未名
稱為巫，但實際上是一種專門驅除疫鬼的巫官。如今臺灣民間遇有災病時，
往往延請道士、乩童等手持刀劍棍棒等道具進入屋內四落揮舞砍殺，以去邪
除災，顯示巫者除災邪的工作，代代相傳，未曾斷絕。

二、招魂魄

招魂魄也是巫者職能之一。神所在的地方，雖然看不到，但以常情推測，大抵在遼遠的處所，能通神見鬼的巫者，自然知神魂的所在，而加以招致。招魂魄一般有「招生魂」及「招死魂」兩種，前者所招對象爲病人，或一時魂魄喪失的人，其目的在使其恢復正常；後者所招對象爲死人，多行之於剛死之時，目的冀望死者復生。先秦典籍所載，多屬後一類，如《禮記‧禮運》云：

> 及其死也，升屋而號告曰：皋，某復。然後飯腥而苴孰，故天望而地藏也。體魄則降，知氣在上，故死者北首，生者南鄉，皆從其初。

此一招魂儀式，雖未載明何人主持，但據判斷，應當是巫祝之流。因死者魂魄散失空中，故須爬上屋頂，望天而招，而其招魂之法，只是「號告」——念招魂詞而已，是否配以道具，不得而知，惟《禮記‧檀弓上》則有以「矢」招魂的記載：「邾婁復之以矢，蓋自戰於升陘始也」，孔穎達疏此甚爲明白：「以其死傷者多，無衣可以招魂，故用矢招之也。必用矢者，時邾人志在勝敵，矢是心之所好，故用所好招魂，冀其復反。」可見古時多以衣招魂，使回衣內，回復他生前穿衣的情狀，而邾人因戰爭死傷太多，衣物污損短缺，故改以戰死的人心所喜好的矢來招魂，但仍未明指由何人負責。

巫風盛行的楚國，招魂習俗至爲普遍，《楚辭》中即有以「招魂」一事名其篇名的〈招魂〉一篇，另有〈大招〉一篇，也是同性質的作品。這兩篇都是楚人的招魂曲，內容結構相似；先述魂魄離散之苦，再敍魂魄歸來之樂；而招魂方向，〈大招〉係向東西南北四方，〈招魂〉則除四方外，再加「天」（天堂）及「幽都」（地獄）二處，已達所謂的「六合」。至於招魂主持人物，〈大招〉並未敍明，〈招魂〉則明載爲「巫陽」這位名巫。辭云：

> 帝告巫陽曰：「有人在下，我欲輔之，魂魄離散，汝筮予之。」……
>
> 巫陽焉乃下招曰：「魂兮歸來，去君之恆幹，何爲四方些，舍君之樂處而離彼不祥些。……」

上帝請巫陽卜筮他想輔助的人魂魄所在，巫陽則認爲如要卜出魂魄所在而還魂給他，因身體會萎謝，時間上恐怕來不及，因此不待卜筮，就急著招魂，可見他所招的是剛死人的魂。可能古代有「假死」（尚未眞正死亡）的人，經巫師招魂後，悠然蘇醒，復活過來，不明就裡的人遂誤認巫師眞有「招魂還魄」的神能，而益加篤信，招魂習俗也就廣泛流傳下來。上揭文自「焉乃下

招曰」一句起，都是巫陽所唱的招魂詞，除以口念唱外，歌詞中並提及招魂時所用的道具：

> 魂兮歸來，入修門些；工祝招君，背行先些。秦篝齊縷，鄭綿絡些，
> 招具該備，永嘯呼些。

依此記載，巫祝招魂的道具為「秦篝」——秦人所製棲魂的竹籠、「齊縷」——齊人所織飾篝的彩線及「鄭綿絡」——鄭國所產的靈幡。又「工祝招君」一詞，王逸注為：「工，巧也；男巫曰祝」，似有不妥，按工為巫所分化，是巫的一種，「工祝」即「巫祝」。由「工祝招君」一詞，亦可證明巫祝擔任招魂的工作。

三、察隱微及其他

巫者進行「察隱微」的工作，見諸《國語‧周語上》記載：

> 厲王虐，國人謗王。邵公告曰：「民不堪命矣！」王怒，得衛巫，使
> 監謗者，以告，則殺之。國人莫敢言，道路以目。王喜，告邵公曰：
> 「吾能弭謗矣，乃不敢言。」

此事司馬遷在《史記‧周本紀》上也有載述，可能本於此。因神無所不在，無所不知，而巫能通神，能透過巫監視並知悉何人謗王，然後稟告於王。此一衛巫顯然藉其神能助紂為虐，成為厲王的幫凶，惟此種監察隱微的工作，屬特殊案例，不是一般巫者的共同職能。

又古代生理學尚未發達，對於生育的事情，所知不多，無法理解其中奧妙，甚至相信子女為天所賜，非人力所及，相信鬼神的力量可以左右此事。而此種傳宗接代的事，關係著種族的盛衰與斷續，為古代重要事情，負責鬼神事務的巫者，也就多兼掌生育的事，他們能夠利用祝禱或咒詛的手段，使人生子，或使某人——對手或仇敵無法生育。其最明顯的例子，當推春秋陳國大姬之「以禱而得子」。陳國是春秋時巫風最盛的地方，《毛詩》陳譜注云：

> 大姬無子，好巫覡禱祈鬼神歌舞之樂，民俗化而為之。

此孔穎達疏云：

> 地理志云：周武王封媯滿于陳，是為胡公，妻以元女大姬，……婦
> 人尊貴，好祭祀。不言無子，鄭知無子者，以其好巫好祭，明為無
> 子禱求，故言無子。……杜預曰：陳，周之出者，蓋大姬於後生子，
> 以禱而得子，故彌信巫覡也。

鄭玄何以知大姬無子？主要以大姬信巫好祭，祈禱生子來作推斷；而依杜預的說法，大姬後來因請巫覡祈禱而生子，可知先秦巫者亦掌理生育的事，尤其是關係一國命脈的王后元妃的生育之事。

此外，《左傳》成公十三年記載：「國之大事，在祀與戎」，其中「祭祀」之事，自然由巫祝宗史負責，前已論及；而「戰爭」之事，也和巫有關，古代軍隊在出戰之前，往往先請巫者預測戰事吉凶，尤其在戰國時代，兵革四起，「其察機祥、候星氣尤急」（《史記·天官書》）；而古巫並多隨軍出征，在必要時得以施行巫術來擊敗敵軍，頗有安定軍心的功效。可見先秦時代，「祭祀」與「戰爭」這兩件關係國家禍福存亡的大事，都由巫者主持或參與，影響重大。先秦巫者具有如此重要的、多重的職能，自能在先秦社會中佔有一定的地位，並有重大的貢獻。

第五章　巫與先秦文化之關係

第一節　巫在先秦文化中之地位

　　在先秦社會裡，由於人們知識尚在發展的過程，加上武器和生產工具的缺乏，以致不能正確認識及實際支配自然力，從而生出冥冥中主宰整個自然界的天神地祇人鬼等超自然狀態。為了生存，自得求助於這些超自然力，於是有祭祀祈禱、求神問卜及其他獻媚鬼神等事情出現，整個社會蒙上一件宗教神祕外衣，籠罩著濃厚的鬼神信仰氣氛，生病以為是鬼神在作祟，天災人禍認為是鬼神的懲罰，總是認為人生一切行動中，莫不有鬼神陰相。

　　巫覡的基本觀念，就是相信鬼神的存在。他們自認且被認為有通神的能力，而其職能無一不與鬼神相關，降神、祭祀及招魂自不用說，卜筮與解夢係問神吉凶，醫病與除災係驅除鬼邪，祈雨是求天神降雨，察隱微也是透過鬼神暗中窺視。鬼神與巫覡是緊密聯繫在一起的，朱熹《楚辭集注》所說：「其祀必使巫覡作樂，歌舞以娛神」，正說明這個道理。在完全屈服於神鬼恐懼下的先秦社會中，巫者地位的重要是可想而知的。

　　因古代宗教信仰高過一切，是一切活動的主要依據與最後依歸，故古代一切知識、文化與學術均在宗教的範疇之內，捨宗教幾無文化可言，古代文化大抵是宗教文化。而此時巫者掌理宗教事務，不僅具備了極為廣泛的知識、技能和經驗，以應其宗教工作上的需要，並且更以此而對古代文化的創造、保存或發展作了極為重大的貢獻。

　　古代文化掌握在巫史者流，《禮記・禮運》記載：

祝嘏莫敢易其常古，是謂大假。祝嘏辭說藏於宗祝巫史，非禮也，
　　是謂幽國。

漢代鄭元注云：「藏於宗祝巫史，言君不知有也。」按「祝嘏辭說」為祭祀祈
禱時所使用的祝答言辭，因祭祀祈禱一類的事情，在崇信神鬼的古代人民的
心目中，均被看作是無上的莊嚴與重要的；而在祭祀時主人祝禱及神尸答福
等人神溝通的辭語，自然也被看作是神聖不可輕易變更的，有其一定的傳統
與法度，在古代禮法中是頂頂重大的事。這些屬於宗教文化的辭說密藏於宗
祝巫史家中，竟連一國君王均不得而知，不知其存在。

　　周代如此，神權隆盛的商代，其文化壟斷的情形自有過之而無不及：例如
當今甲骨文字出土者逾十萬片，而其中絕大部分出自殷王朝宮廷所在——小屯
與侯莊，他處所出的不到萬分之一；而大批甲骨文中所具名的貞人——即巫卜
之流，總數不過一百二十餘人，固不能說當時文化全為這些貞人所壟斷，但學
術可能由他們創始，他們有餘暇專習宗教文化事務，以解釋天人的關係，處理
人事的糾紛與疑難，他們所知的自較一般人為多，他們所認識的也較一般人為
熟悉且透徹，把他們積累於心的筆之於冊，便是啟蒙期的學術著錄。〔註1〕這
些學術著錄，疑為部分六經的原始淵源，如以「卜筮」為主的《易經》，可能為
古巫的集體創作，並由其保存、流傳下來的。

　　《論語·為政》云：「殷因於夏禮」，實際上就是殷朝接受了夏朝的文化
和社會制度。殷代文化掌握在巫卜手中，民風益加閉塞的夏代，自然也由職
司宗教事務的巫史之流負責保存並發展文化；再往上推至原始時代，涉及至
文化的起源創造，此時期唯一活躍的巫者或巫王，由於宗教工作的關係，無
意中創造並傳承了不少文化。日人白川靜氏云：

　　由巫咸所代表的古代巫道是構成中國古代文化及思想的遙遠泉源。
　　縱然不限於如巫咸那樣的特定神巫，但無論任何地區的古代文化，
　　也都發源於巫祝的世界中。〔註2〕

不容否認地，中國古代文化是來自巫祝的世界裡。

　　據上所述，巫者自始至終均與先秦文化息息相關。因職業的需要及長期
的工作，巫者對於天文、地理、歷史、鬼神及醫藥等知識懂得很多，積累構
成有系統的學問，形成了古代的文化。總括來說，巫與先秦文化的關係，主

〔註1〕　參見郭寶鈞著《中國青銅器時代》第五章，頁268。
〔註2〕　見白川靜原著，加地伸行及范月嬌合譯《中國古代文化》第五章，頁132。

要表現在下列四個方面：一、宗教（如巫教信仰）；二、科學（如醫學、星占學等）；三、藝術（如舞蹈、戲劇及文學等）；四、學術思想（即群經諸子，如《易經》、《莊子》等）。這四大項，實已涵括先秦文化的主要部分，古巫在先秦文化中地位的重要是可想而知的。以下各節，謹就上列四項分別論述之。

第二節　巫與宗教

　　世界上沒有無宗教、無巫術的民族，不論該民族是多麼地原始；而所有的宗教，都由原始的信仰而來；其中巫俗信仰，又是最原始的信仰。巫為靈媒，處於人神之間，是早期初民宗教活動的主持人物，負責創造及傳遞各種宗教儀式及相關的技術與方法，巫與宗教關係的密切，是可想而知的。本節擬就巫與宗教的起源的關係、巫教是否為宗教及巫在中國唯一的宗教——道教的形成及發展過程中所扮演的角色各項，作一粗淺的探討。

　　因發表《金枝》（*Golden Bough*）一書而在人類學家中享有崇高聲譽的英國弗雷澤（Fra-zer）爵士在他這本著作中的基本論點是：人類思想方式的一般發展過程是從「巫術」到「宗教」，最後發展為「科學」。他認為巫術是早於宗教的，即在人類使用祭祀和祈禱來乞憐於自然力之前，曾有過一個相信用強硬手段可迫使自然力就範的時代，那就是「巫術時代」。

　　他說：

> 雖然巫術在很多地方、很多時期曾和宗教相混合，卻還有若干理由
> 可以推想此種混合不是原始的，曾有一個時期，人類相信只靠巫術
> 便可滿足他們動物性的渴望。首先，對巫術和宗教基本觀念之考慮，
> 就可使人有此傾向，即推測在人類的歷史上，巫術是早於宗教的。
>
> 〔註3〕

弗雷澤認為巫術先於宗教產生，是符合人類思想進化原理的，多數人類學家相信巫術和宗教是同時發生的；然而初民雖然後來也採用宗教的祭祀祈禱手段，但最初恐怕只是利用咒語和儀式等簡單的巫術來控制並支配自然，因自然力威勢無窮，巫術多不靈驗，在他們認為冥冥中另有超自然力量在主宰世界後，也就一併使用宗教祈禱方式來達成目的，可見宗教是巫術的進一步提

〔註3〕　見 Frazer.G..B. abr. P54. 轉引自楊景鸘著〈方相氏與大儺〉乙文，頁 146。《中
　　　　央研究院歷史語言研究所集刊》第三十一本，民國 49 年 12 月。

昇，是人類承認無能處理某些事項的表示。關於這個問題，弗雷澤有進一步
的說明：

> 在原始文化中，「泛靈論」不僅不是唯一的信仰，連主要的信仰也不
> 是。初民想要控制自然過程，全為了一些實際的目的，做法直截了
> 當，以儀式和咒語迫使風雨寒熱和動物莊稼聽命就範。後來，他們
> 發現自己的巫術力量有限，常不靈驗；在恐懼或希望的驅使下，以
> 祈禱或挑戰的方式，訴諸更高級的神靈，即求助於魔鬼、祖先或神
> 祇。〔註4〕

這也就是說，巫術最初並無神靈觀念，是靠自己的力量去實現願望，而宗教則
是建築在「泛靈論」的基礎上，是依靠神靈的力量來實現願望。現今的原始民
族普遍存在著巫術和原始宗教，從他們實際的情況來看，巫術先於宗教的看法
是比較符合客觀實際的。巫術雖不能說是一種宗教，但它的功用卻像是一種宗
教，故不妨說，巫術是宗教的先聲，宗教的起源也就和古巫有極密切的關連。

　　所有宗教一般都是由「泛精靈信仰」過渡到「多神信仰」，再逐漸演進為
「一神教」的形式。我國古代原始的「多神信仰」，並沒有專用的宗教名稱，
而係以介於人神之間，既代表神，也代表人的巫師的活動為其中心內容，如
果要勉強名之，只有稱為「巫教」才比較合適。因「巫師」及「巫術」普遍
存在於每一原始社會，為廣大民眾所信奉，所以「巫教」流行範圍最廣，堪
稱為「一神教」形成以前的古人的唯一宗教信仰；更因其根深蒂固地深植人
心，有極堅韌的生命力，故而歷經數千年，仍屹立不衰地流傳到現在，如現
今我國東北阿爾泰語系一些民族所普遍信奉的「薩滿教」（Shamanism），即為
一典型的巫教。

　　薩滿教因「薩滿」（即巫）而得名，起源甚早，並經過漫長的發展過程，
才比較成形、比較完備，然始終未曾齊備宗教的要件，《清稗類鈔》中對「薩
滿教」有一段記載如下：

> 薩滿教不知所自始，西伯利亞及滿洲嫩江之土人多奉之。其教旨與
> 佛氏之默宗相似，疑所謂「薩滿」者，特「沙門」之音轉耳。……
> 然薩滿術師，不如佛之禪師、耶之神父得人崇敬，但以巫醫卜筮諸
> 小術斂取財物而已。〔註5〕

〔註4〕　見馬凌諾斯基著，朱岑樓譯《巫術、科學與宗教》第壹篇，頁3。
〔註5〕　見徐珂撰《清稗類鈔》第十五冊，頁63～64。

通古斯語「薩滿」一詞意爲激動不安和瘋狂的人，此處疑「薩滿」爲「沙門」之音轉，失之附會。惟其以薩滿不過以巫醫卜筮等小術詐斂財物，故無法如禪師、神父之普遍取信於人，爲大眾所崇敬，則道出了事情的本質，因薩滿教徒水準不一，難免含雜妖術、騙財的情事，這在今日廣泛流行「巫教」的漢民族地區也屢見不鮮，「薩滿教」、「巫教」始終未成爲正式的宗教，這也是一大因素。因「巫教」既沒有完備的宗教組織與嚴格的教規，也沒有完整系統的教義和成文的經典，更無明確具體的創始人或締造者（教主），而其活動場所也不固定，沒有神像、教堂或寺廟，只是伴著各樣巫術活動，透過巫師口傳身授，世代嬗遞下來。所以「巫教」雖有一定的儀式及相當於現代宗教的神職人員暨廣大的信仰民眾，但仍算不上是一合格的宗教，只能說它是一種「準宗教」。

　　一般論及中國的宗教，總以儒、釋、道三教爲主，其中佛教輸自印度，並非本國產物；而「儒教乃教育之教，非宗教之教」（梁任公言），即儒教本不成其爲宗教，漢儒及宋儒的思想中，雖有迷信的宗教色彩，但也只將孔孟儒學附會了原始的巫覡方術而成，故不能構成爲宗教的要素。真正土生土長，道道地地的中國宗教，唯有「道教」一種。

　　道教之所謂「道」，涵義固甚玄奧，然此字實從古代的「神道」而來，《周易》觀卦象辭云：「觀天之神道，而四時不忒；聖人以神道設教，而天下服矣！」而古代之神道，主其事者爲巫祝史，論道教之原始淵源，巫實居關鍵地位；後漢時稱道教爲「鬼道」，「鬼道」有「巫鬼」之意，實繼「神道」而來。而道教義理本諸「道家」，老莊思想是道教的理論根據，而哲學道家也受古巫影響，近人聞一多氏云：

　　　　我常疑心這哲學或玄學的道家思想必有一個前身，而這個前身很可能
　　　　是某種富有神祕思想的原始宗教，或更具體點講，一種巫教。〔註6〕
聞氏認爲原始巫教是道家思想的前身，東漢以來的道教是原始巫教的復活，這是極有見地的。可見「道家」和「道教」實際上是原始巫教的一對孿生子，然一爲哲學，一爲宗教，關係密切，但不能混淆。質言之，巫道與方士預備了道教底實行方面，老莊哲學預備了道教底思想依據，直到三張二葛出世，道教便正式建立成爲具體的宗教。綜觀道教形成的過程中，古巫確扮演相當重要的角色，有過深遠的影響。

〔註6〕　見聞一多著〈道教的精神〉乙文，收錄於《神話與詩》一書中，頁143。

　　道教明顯受古巫的影響，也可自道經的內容及道家神術的廣泛吸收巫術文化、充滿各種巫術的情況看出。依《抱朴子・遐覽》記載，道經有數百種，如《靈卜仙經》、《移災經》、《厭禍經》、《見鬼記》、《安魂記》、《呼身神治百病經》、《收山鬼老魅治邪精經》、《採神藥治作祕法》等是；而道符則不勝記載，其中大符如「通天符」、「延命神符」、「消災符」、「八卦符」、「治百病符」、「厭怪符」、「通靈符」等均是。光看這些道經、道符的名稱，即可知其內容及用途。至於道士的神術，也可自〈遐覽〉篇的記載以窺知一二：

> 化形爲飛禽走獸及金木玉石。興雲致雨方百里，雪亦如之；渡大水
> 不用舟梁，分形爲千人，因風高飛，出入無閒；能吐氣七色，坐見
> 八極及地下之物，放光萬丈，冥室自明。

而葛洪著《神仙傳・彭祖傳》中也有類似此類的記載：

> 仙人者，或竦身入雲，無翅而飛；或駕龍成雲，上游天階；或化爲鳥
> 獸，浮游青雲；或茹芝草，或出入人間而不識，或隱其身而莫之見。

以上道家著作中所描述神仙道士的飛行、隱身、吐氣、變形、望遠及興雲致雨、隨意創物等各種神奇方術，非巫術而何？

　　道教流衍爲兩派，即魏伯陽、葛洪的「丹鼎派」及陶弘景、寇謙之的「符籙派」。前者爲神仙家，又分呼吸吐納的「內丹」與服食仙丹的「外丹」，目的在求長生不老，此派源自戰國時方士的神仙服食之說，而其遠源則爲巫；後者爲劾禁家，則以齋醮科儀、符水授籙替人治病、避邪、消災，還能呼鬼召神，厭勝魑魅，而此正爲古巫的能事。據上可知，道教源於古巫，其思想內容明顯受古巫的影響，而道士之神術多來自古代巫術，巫與道教的密切關係，實不言而喻。

　　綜上所述，宗教的起源與巫關係至大，早期的宗教與巫術無甚分別，巫術產生在前，爲宗教的先驅；而巫在我國古代宗教的發展過程中，亦扮演舉足輕重的角色，後來我國唯一土生土長的宗教－道教的成立及發展，無不受古巫的啓發。由此可知，先秦巫者在古代宗教文化的範疇中是佔有如何重要的地位。

第三節　巫與科學

　　在今人的眼光看來，巫及巫術與科學似乎是對立的，其實並不見得如此，尤其在荒遠的原始社會，巫術實爲科學的近親；雖然它只是一種「僞科學」、

「擬科學」，但是對於古代科學，確實起過重大的影響。

巫術與科學，同為控制自然以達到一定的目的，但所使用的方法不同：科學建立在歸納、分析、實驗的基礎上，認為經驗、努力和理性是正確有效的；而巫術則建立在一個信仰上，把實現願望的方法建築在錯誤的經驗總結和聯想的誤用上，認為希望能夠實現，渴望不會落空。然而巫術行為中，若干符合或接近客觀事物發展規律的部分，同樣可以為科學提供認識；且巫術也有一套理論與原則體系及既定方式，依此進行活動，即可產生效果，這也是與科學表現相同的地方。可見原始巫術與早期科學有著不容忽視的聯繫，巫術實為科學準備了道路。例如古代巫書《山海經》即包含著種種科學的學科，如天文學、地理學、生物學及醫藥學等等，可見巫與古代科學關係的密切。綜觀古代科學中，以「醫學」及天文學前身的「星占學」的創造及傳承與巫關係特別密切，以下謹就此兩項為代表，略加申說。

一、巫與醫學

以巫術治病，是上古時代世界各民族的普遍現象，探析此種現象之原因，不外乎上古民智未啓，人們知識低落，病理學及藥物學尚未萌芽，以致無法了解疫病產生的真正原因，加以當時社會盛行鬼神信仰，遂往往把疫病的原因歸諸鬼神的作祟。此時負責溝通人神的巫者，也就扮演起驅邪治病的角色，成為最早的醫生。本節擬就「醫」字之制字說明醫與巫之關係、先秦巫者治病之過程、方法及所使用之器物，並舉《山海經》、《楚辭·九歌》所載各種藥物之例作為說明暨周代巫醫對立之現象略作探討，以確定巫在先秦醫學史上的地位。

醫源於巫，巫本行醫，醫病為先秦時代巫者主要職能。東漢許慎在所著《說文解字》十四篇下酉部對「醫」字的解釋是：

> 醫，治病工也。以殹从酉。殹，惡姿也。醫之性然，得酒而使，故
> 从酉，王育說：一曰殹，病聲，酒所㠯治病也，周禮有醫酒。古者
> 巫彭初作醫。

古時工為巫所分化，其本質為巫，故治病「工」即為治病的「巫」。又許氏認為「巫彭」最先作醫，《呂氏春秋·勿躬》歷舉聖大卜之二十官，「巫彭作醫」為其中之一，《山海經·海內西經》郭璞注引《世本》亦稱「巫彭作醫」，惟《玉海》六十三引《世本》云：「巫咸初作醫」，《太平御覽》七百二十一引《世

本》也稱：「巫咸，堯臣也，以鴻術爲帝堯之醫」，以上諸書對始作醫者之說法未盡一致，據《山海經‧海內西經》載稱：

> 開明東有巫彭、巫抵、巫陽、巫履、巫凡、巫相，夾窫窳之尸，皆操不死之藥以距之。

此六巫據郭璞注云：「皆神醫也」；又〈大荒西經〉亦稱：

> 有靈山，巫咸、巫即、巫盼、巫彭、巫姑、巫眞、巫禮、巫抵、巫謝、巫羅十巫，從此升降，百藥爰在。

此十巫自然也都是採草藥治人病的神醫。開明東六巫中，「巫彭」居首，未見「巫咸」；靈山十巫中，「巫咸」居首，「巫彭」列爲第四。「巫彭」、「巫咸」各爲兩群神醫之首，顯示此二巫與原始醫學關係至爲密切，或爲前述《說文》、《呂覽》及《世本》等書之所本。實則一切文物均爲無名氏所逐漸草創形成的，醫學自不例外，「巫彭」、「巫咸」可能即是眾多從事醫事的巫者的代表，似不必咬定始作醫者爲「巫彭」或「巫咸」，惟巫爲始作醫者，應無疑義。

　　日人白川靜氏認爲：「『醫』的基本字是『医』，係用『匚』所表示的祕密場所，恐怕是表示在像洞窟那樣的地方，用咒矢來祈禱的字。」〔註7〕此種說法不無商榷的餘地，按「醫」所從之「殹」，左邊爲「医」，是「匚」內裝插箭矢，「匚」疑爲身體；右邊爲「殳」，也是古代一種有柄的兵器，「殹」字即表示人獸身體爲矢、殳等兵器所射傷之意，前述《說文》解「殹」爲「惡姿」、爲「病聲」，應爲引申義，即表示遭矢、殳所傷人的「病容」及「呻吟聲」。又如「疾」字已見於甲骨文，象矢著人肌下，從矢，顯示「疾」字初爲「傷矢」之義，先民疾病觀念，即由「矢石傷身」而來。又「醫」字古體作「毉」，即「殹」字下面加一「巫」字，此字未見載於甲骨文，今存最早記載爲西漢揚雄所著《太玄經》「常」之上九：「疾其疾，巫毉不失。」（如圖31）「毉」字本義爲由巫來醫治受刀箭矢殳所傷的患者，後來當然包括醫治一切病患，由「毉」的制字，可見上古醫病之事係由巫者擔任；其後出現「醫」字，不從「巫」，而改從「酉」，「酉」即「酒」的省寫，《說文》酉部許愼釋「酉」爲「就也。八月黍成，可以酎酒。」顯示此時社會已不全以巫術治病，而改以「酒」來麻醉或治療受傷或害病的患者，這是醫學的一大進步。由「醫」的制字過程，也可證明上古時代是先有巫後有醫的，醫術是自巫術孕育而來的。

_____

〔註7〕見白川靜原著，加地伸行、范月嬌合譯《中國古代文化》第五章，頁133。

圖 31：揚雄《太玄經》「常」:「巫毉」摹版

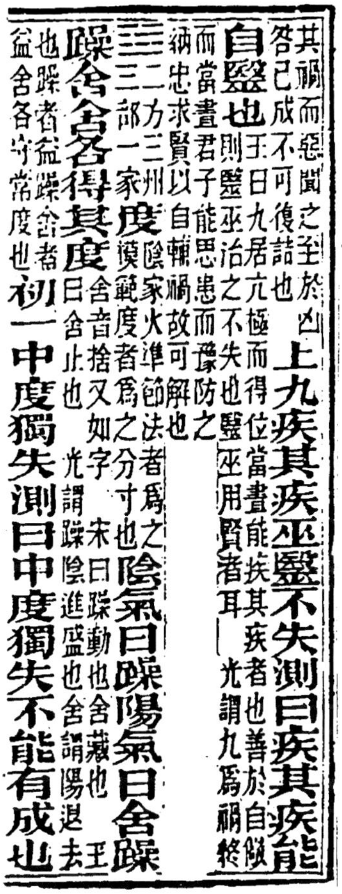
其禍而惡聞之至於凶咎已成不可復詰也上九疾其疾巫毉不失測曰疾其疾能自毉也王曰九居亢極而得位當晝能疾其疾者也善於自做則毉巫治之不失也毉巫用賢者耳 光謂九爲禍終而當晝君子能思患而豫防之禍忠求賢以自輔禍故可解也

☰二方三州三部一家度陰家火準節法者爲之蹝範度者爲之分寸也陰氣曰蹝陽氣曰舍蹝舍各得其度舍音捨又如字宋曰蹝動也舍藏也王曰舍止也 光謂蹝陰進盛也舍謂陽退去也蹝者益蹝舍者益舍各守常度也初一中度獨失測曰中度獨失不能有成也

上古時代巫者治病方法，大抵以「祈禱禁呪」的「祝由」之法爲主。《黃帝內經・素問》記載：「余聞古之治病者，唯其移精變氣，可祝由而已。」王冰注：「祝說病由，不勞針石，故曰祝由」。關於「祝由」一詞，周策縱氏認爲：

> 祝由當爲連詞，由即詘字。《說文》:「詘，詶也。」又「詶，譸也。」其實即禱字，祝由即祝禱。〔註 8〕

此種說法似較可信。古巫以祝禱方式替人去病，典籍記載極多，如《韓詩外傳》卷十云：

> 吾聞上古醫者曰弟父。弟父之爲醫也，以莞爲席，以芻爲狗，北面

〔註 8〕見周策縱著《古巫醫與『六詩』考》第四章，頁 114。

> 而祝之，發十言耳，諸扶輿而來者，皆平復如故。……
>
> 吾聞中古之醫者曰踰跗。踰跗之爲醫也，搦木爲腦，芷草爲軀，吹
>
> 竅定腦，死者復生。……

此節《說苑・辨物》也有類似的記載，惟記「弟父」爲「苗父」，記「踰跗」
爲「俞柎」。

　　按「芻狗」係用草紮成狗形，飾以文彩，爲巫祝用以解除求福之道具，
如《莊子・天運》：「夫芻狗之未陳也，盛以篋衍，巾以文繡，尸祝齊戒以將
之」即是。上古巫醫弟父以芻狗謝過，並以言辭祝告神祇，祈求鬼神寬宥，
果然病者平復如故，此即「祝由」治病之法。中古醫者踰跗亦爲巫醫，係持
取木頭作爲「頭腦」，並以芷草編成「身軀」，然後「吹竅定腦」，居然能使死
者復生，此即根據「相似律」所爲典型的模仿巫術。由此二巫醫治病方法的
差異，也可見上古至中古時代醫學的演進狀況。此種「祝禱」方法，迄至周
代仍極盛行，如《尚書・金縢》載有大巫周公曾爲武王禱病的故事；又《史
記・魯周公世家》亦記載周公爲患病的成王祝禱；而《論語・述而》則記載
子路想替孔子向上下四方的神祇祝禱，但孔子不信：

> 子疾病，子路請禱。子曰：有諸？子路對曰：有之。誄曰：「禱爾于
>
> 上下神祇。」子曰：丘之禱也久矣！

　　巫者「祝禱」治病方法，雖有濃厚的神祕色彩，但在某種程度上仍確有
其效果。以現代心理學來觀察，此種療法係基於巫者確信可以得到神寬宥或
驅除鬼祟的一種精神力量，藉以喚起患者積極的情緒狀態，促進身體新陳代
謝機能，增加抵抗疾病的能力，以改善病理狀態，使病情好轉，終至於恢復
正常。[註9]此種治療行爲，至少已具備心理上的重要性，堪稱一種原始「精
神治療法」。

　　然古巫治病，是否全靠作法祓厄，而不用藥物呢？也不盡然。如前所述，
開明東之六巫「皆操不死之藥以距之」，而十巫升降的靈山，「百藥爰在」，即
爲巫醫用藥的明證，如他們不用藥草治病，單靠咒禱，以常情度之，恐怕無
法博得「神醫」的美名。又〈大荒南經〉記載：

　　有巫山者，西有黃鳥。帝藥、八齋。黃鳥于巫山，司此玄蛇。

　　此「巫山」以巫命名，應爲巫者聚居之山，係天帝神藥之所在，爲巫者

〔註9〕　參見加納喜光著〈中國古代における精神療法〉，頁3，《中國—社會と文化》
　　　　第一號，東大中國學會，昭和 61 年 6 月 28 日發行。

行醫所採用，故須命黃鳥司察玄蛇，防其竊食神藥。魯迅稱《山海經》爲「古之巫書」，〔註10〕就醫藥觀點而言，這句話尤其見具慧眼，因此書「五藏山經」中記載頗多治療和預防疾病的單方，包括動、植、礦物性等奇特的藥物和用法；又據個人統計，全書所載古人曾患疾病的名稱共有三十九種，顯示此書編者（巫師）對疾病已有相當的認識。茲舉以下數例作爲說明：

　　（翼望之山）有鳥焉，其狀如烏，三首六尾而善笑，名曰鵸鵨，服之使人不厭，亦可以禦兇。（〈西山經〉）———— 此動物性

　　（招搖之山）有草焉，其狀如韭而青華，其名曰祝餘，食之不飢。（〈南山經〉）———— 此植物性

　　（高前之山）其上有水焉，甚寒而清，帝臺之漿也，飲之者不心痛。

　　（〈中山經〉）———— 此礦物性

諸如此類大量的記載，疑爲先秦數位巫醫在各地採藥的紀錄及長期行醫的心得，故此書與巫覡的關係是很明顯的，大概是巫師的集體創作。

　　就中醫的觀點來說，自然界中任何花草均有其療效，都可作藥用，與巫關係密切的《楚辭·離騷》中的植物，如申椒、菌桂、蕙、茝、蘭、留夷、揭車、杜衡、江離、荃、蓀、薜荔，胡繩、芰荷及芙蓉等香花香草之受重視，不止於觀賞，而是具有古代巫術、方術的醫療價值；〔註11〕又《楚辭·九歌》中的植物也是一樣，如〈大司命〉：「折疏麻兮瑤華」，洪興祖補注：「瑤華，……服食可以致長壽。」又如〈山鬼〉：「采三秀兮於山間」，王逸注：「三秀，謂靈芝草也。」靈芝當然是仙藥之一，其他如白芷、杜若、辛夷、桂枝等，也都是藥用植物，恐怕不只作爲服食治病而已，它們的鮮麗色彩和芬芳香氣，具有濃厚的巫術性，也可作爲巫師的服飾佩物，或作爲暢酒之用，製造麻醉、迷幻的宗教氣氛。古代巫醫以草藥治病的傳統，仍代代延續下來，現今與西醫互別苗頭的「中醫」，其原始淵源即爲古巫，然已無巫覡身分矣！

　　除以草藥療疾外，古巫也以針石艾草治病。例如「巫咸」的「咸」字，就是「箴」、「鍼」的古字，即「鍼刺」之意。原字從「戊」，表示是可刺之具，後加「竹」、「金」，表示刺具的材料。「巫咸」以「箴」、「鍼」命名，當由於古巫醫從事針刺的醫術之故。《山海經·東山經》記高氏之山「其下多箴石」，郭璞注「箴石」云：「可以爲砥針治癰腫者」。又《左傳》莊公三十二年記載魯莊公

〔註10〕見魯迅著《中國小說史略》第二篇，頁24。
〔註11〕見李師豐楙著〈服飾、服食與巫俗傳說〉乙文，頁82，《古典文學》第三集。

爲了要毒死僖叔，便派人命他待在「鍼巫氏」的住所，然後「使鍼季酖之」。以
「鍼巫」爲氏名，類似於「巫咸」，亦可證明巫醫與鍼刺的關連。〔註12〕此種古
巫以針石治病之法，極有可能是我國「針炙術」的起源。商代甲骨文中即有巫
者以艾草治病的記載：

　　　……巫妹乂子？〔註13〕

此「巫妹」即名爲「妹」的女巫，「乂」通作「艾」，「乂子」意即以艾草炙治
小孩，此即巫者施行「針炙術」的一例。此外，古巫亦以湯藥治病，「醫」字
所从之「酉」，原即爲「藥酒」，如《說苑・脩文》記載，巫醫匍匐救厲之道
云：「古者有菑者謂之厲，君一時素服，使有司弔死問疾憂，以巫醫匍匐以救
之，『湯粥』以方之」，此即以液體的湯粥作爲藥方來治療疾病。

　　春秋戰國時代，社會政治的轉化，促進科技的進步及學術的活躍，從而
神道思想逐漸式微，人本主義隨之抬頭，有智之士對祝禱咒詛的治病效果紛
表懷疑，例如《左傳》哀公六年記載：「初，（楚）昭王有疾，卜曰：『河爲崇』，
王弗祭。」因楚昭王不相信他的病是由於河神所崇，所以不祭禱。在此種思
想背景下，周代除設有祝禱祓除的巫官外，也設有專攻醫藥的醫官。前者如
《周禮・春官宗伯》所設「春招弭以除疾病」的「男巫」、「掌歲時祓除釁浴」
的「女巫」、「掌六祝之辭，以事鬼神示」的「大祝」及掌「侯禳禱祠之祝號」
以遠皋疾的「小祝」暨〈夏官司馬〉所設「帥百隸而時難，以索室毆疫」的
「方相氏」等均屬之；後者如〈天官冢宰〉所設「掌醫之政命，聚毒藥以共
醫事」的「醫師」、「掌和王之六食、六飲、六膳、百羞、百醬、八珍之齊」
的「食醫」、「掌養萬民之疾病」的「疾醫」、「掌腫瘍、潰瘍、金瘍、折瘍之
祝藥劀殺之齊」的「瘍醫」及「掌療獸病、療獸瘍」的「獸醫」暨〈夏官司
馬〉所設「相醫而藥攻馬疾」的「巫馬」等均屬之。

　　由上述「巫官」、「醫官」分別設置的情況來看，周代「巫」與「醫」是
並行的，有個別的活動空間；醫藥學雖然興起，猶未能盡取巫祝而代之，如
《列子・力命》記載季梁得病，楊朱歌曰：「醫乎？巫乎？其知之乎？」又如
《淮南子・說山》云：「病者寢席，醫之用針石，巫之用糈藉，所救鈞也。」
另外《參同契》中篇亦載：「扁鵲操鍼，巫咸叩鼓，安能令蘇？」此外，《論
衡・程材》也稱：「病作而醫用，禍起而巫使。如自能按方和藥，入室求祟，

〔註12〕散見周策縱著《古巫醫與『六詩』考》第七章，頁157～160。
〔註13〕見葉玉森著《鐵雲藏龜拾遺》一一・一〇。

則醫不售而巫不進矣！」由諸如此類的記載，可知當時社會信巫又信醫，巫與醫各自存在。

　　自巫與醫的分立，加上二者對社會的重要性，可以想見巫與醫之間的爭辯，是當時醫學領域中論爭的焦點。醫學要戰勝巫術，決非一人一時所能完成，戰國時代有一大批傑出的醫生在各處行醫，其中包括名爲「秦越人」的「扁鵲」，他們有進步的醫學觀念，反對以「巫術」治病。司馬遷在《史記・扁鵲倉公列傳》中記載扁鵲認爲「巫」與「醫」如水火不容，斷言「信巫不信醫」爲六不治的原因之一，這是扁鵲醫學理論中的一個鮮明的特點。由此也可推知當時社會「信巫不信醫」的人必不在少數，究其原因，除上古巫醫治病傳統已根植民心，取得人們信仰外，大抵因當時醫學仍在起步階段，病理學猶未發達，俗醫對部分病情仍無法掌握，以致未能對症下藥，草菅人命，不亞於巫，人們自然轉而乞靈鬼神，求巫來治病。

　　隨著醫學的播揚，加上其他學術思想的鳴放，巫術治病成爲強弩之末，已爲必然的趨勢。迄至戰國時代，巫醫對立的情形更加分明，並已正式分家，雖然巫仍續兼行醫，但巫是巫，醫是醫，從此分道揚鑣，而不再混淆不清了。

　　綜據上述，上古醫學的創造、傳承與發揚，係由巫者來擔任；在鬼神信仰的先秦時代，以祝禱咒詛的原始精神治療法來去邪治病，實爲必然的現象；而當時巫醫也一併使用草藥，故仍有其醫療效果；其後雖然正式的醫生出現，與巫者對立，然未能完全取代巫術治病的傳統。時至今日，在鄉村仍有巫婆乩童的咒詛，在都市也有宗教的祝禱，均足顯示「巫」與「醫學」的關係是根深蒂固且源遠流長的。

二、巫與星占學

　　星占學又名占星術（Astrology），雖然它的字根爲「學」（ology），但並非一種科學的學科，而不過是一種占卜的方法，與它關係密切的「天文學」（Astronomy）才是真正的科學學科。占星術的起源至早，西洋各國如希臘、巴比倫及埃及等古國也都盛行此術，它是以日月星辰的運行及其現象，來卜占人間的吉凶禍福，本質上是一種巫術，而卜筮又爲古巫的重要職能，不難想見二者關係的密切。本節擬就星占學的起源、流傳及在先秦時代的發展狀況，說明其與巫者的關係及巫者在星占學領域中所扮演的角色。

　　遠古時代的人類，多半無法定居生活，總隨著地上自然環境的變化而遷

徙移居，然天上日月星三光卻永遠伴著他們，加上風雨氣象的變化，經常影響著初民的生活。而初民對於日月經天、星辰出沒及風雨雷電等自然現象，不了解其中因果關係，認爲冥冥中另有主宰，於是產生對自然神的崇拜，把高掛在天空的天體視爲天神——如「日神」、「月神」即是，認爲日月星辰的變動，應該就是天帝的旨意，「天變」就是天降禍患予人們的豫示。而最初恐怕曾出現幾次天象變化，相應地上人間碰巧發生某種禍福事項，初民單純的腦中，即將之連繫在一起，久而久之，自然認爲每次日月星辰的變化，都是天帝對人間的表示，都將是人間禍福的預兆。而將這些星兆迷信轉化成占卜方術，則全是出於巫覡的創造。朱天順氏認爲：

> 巫覡這一職務，古來就兼管天象觀察，星辰運行的知識爲他們所壟斷。各種占卜迷信發展至一定的階段以後，巫覡就把他們觀察到的一些星辰運行現象和世事、人事聯繫起來，變成一套複雜的占術體系。這種占術，離開了巫覡就無法進行，因此就成爲他們獲得政治地位和經濟利益的一種手段。〔註14〕

因爲星占所包括的星數極多，而星象變化又極複雜，如不具有豐富的天文知識，將無法創造出占星術來；而在上古時代，巫史階級壟斷絕大部分的文化學術，爲唯一的知識分子，自古以來就歷象日月星辰，兼管天象觀測，所以占星術實係出於古代巫覡的創造，這也可自以下古代典籍中的記載得到印證。

《周易・賁》象辭云：「觀乎天文，以察時變」，此即爲古人占星的記載；又《繫辭上》云：「天垂象，見吉凶，聖人象之」，此「聖人」當即《史記・日者列傳》中賈誼所說：「吾聞古之聖人，不居朝廷，必在卜醫之中」的「聖人」，係指古代的巫王，而古代歷象日月星辰是頭等大事，司馬遷在《史記・天官書》上說：「自初生民以來，世主曷嘗不歷日月星辰？」可見古代具有巫覡身分的君王也都主掌星象吉凶的事，如傳說中的大巫「伏羲」即是，《繫辭下》稱他「仰則觀象於天，俯則觀法於地，……於是始作八卦，以通神明之德，以類萬物之情」，此種觀測天象，而作八卦，以通神明，知其吉凶，實爲早期占星術的最佳註腳。

至黃帝時，已有專管占星事務的人，據《史記・曆書》稱：「黃帝考定星曆」，此司馬貞《索隱》引《系本》及《律曆志》云：「黃帝使羲和占日，

〔註14〕見朱天順著《中國古代宗教初探》第五章第五節，頁 148。

常儀占月，臾區占星氣」，則「羲和」、「常儀」及「臾區」即為黃帝時代負
責占星的人物，其中以「羲和」較為重要；而《呂氏春秋・勿躬》亦稱：「羲
和作占日，尚儀作占月」，「尚儀」即上述「常儀」，也就是〈大荒西經〉中
「生月十有二」的帝俊妻「常羲」，她是一個和月亮關係密切的巫術化人物；
至於「羲和」，傳說更多，依〈大荒南經〉的說法，她也是帝俊之妻，是「生
十日」的女子；《楚辭・離騷》：「吾令羲和弭節兮」，王逸注：「羲和，日御
也」，洪興祖補注：「日乘車，駕以六龍，羲和御之」。據此，則羲和由「生
十日」者一變而為「駕御日」者；又《歸藏・啓筮》云：「空桑之蒼蒼，八
極之既張，乃有夫羲和，是主日月，職出入，以為晦明」，此羲和又一變而
為主日月出入的人。至《尚書・堯典》則又加以歷史化：「（帝堯）乃命羲和，
欽若昊天，麻象日月星辰，敬授人時。」據孔安國注云：「重黎之後，羲氏、
和氏，世掌天地四時之官」，此處已將「羲和」析為「羲氏」、「和氏」二人，
係為「絕地天通」的大巫「重黎」的後裔，其為巫者身分，自不待言；而其
職掌「麻象日月星辰」，和星占的關係頗為密切。所以，太史公在〈天官書〉
上說：

> 昔之傳天數者，高辛之前，重黎；於唐虞，羲和；有夏，昆吾；殷
> 商，巫咸；周室，史佚、萇弘；於宋，子韋；鄭則禆竈；在齊，甘
> 公；楚，唐昧；趙，君臯；魏，石申。

此為《後漢書》以下天文志之所本，但《後漢書・天文志》則另加入「魯之
梓慎」，《晉書・天文志》則加入「晉之卜偃」。按「天數」一詞，兼有天文、
星相、歷法及五星諸事，重黎這些人都掌著天人，以星占名世，且學有淵源，
壟斷天文星歷之學，他們仰占俯視，凡禍福之源，成敗之勢，皆能預知，故
能輔佐時政，為王重臣。

其中「重黎」為大巫王顓頊之苗裔，據《史記・楚世家》記載，重黎曾
擔任帝嚳高辛的「火正」，而《漢書・五行志》云：「古之火正，謂火官也，
掌祭火星，行火政」，可見絕地天通的重黎，曾經擔任觀測及祭祀火星等事務
的官吏；而他們後代羲和兩位巫者，如前所述，帝堯曾命他們「麻象日月星
辰」。這些巫者都是傳說中的人物，是否也從事星占之術，已不易查考；至於
「昆吾」，依《楚世家》記載，係重黎弟吳回之孫，於夏之時，嘗為侯伯，而
吳回亦居「火正」，昆吾可能也是世襲火正的巫者。又殷商「巫咸」為鼎鼎盛
名的大巫，自不待言；而在周代，負責傳天數人物，都是各國有名的史者，

然史自巫出，巫史一家，這些周代的史者，其實也都是巫，《晉書·天文志》
稱：

> 諸侯之史，魯有梓慎，晉有卜偃，鄭有裨竈，宋有子韋，齊有甘德，
> 楚有唐昧，趙有尹皋，魏有石申夫，皆掌天文，各論圖驗，其巫咸
> 甘石之説，後代所宗。

由此可知，此等名爲「史」的巫者，都兼行卜占星象的事務，爲有名的占星
術家。茲舉《左傳》一書的記載以明之：

> （昭公十年）春，王正月。有星出於婺女。鄭裨竈言於子產曰：「七
> 月戊子，晉君將死。今茲歲在顓頊之虛，姜氏、任氏實守其地，居
> 其維首，而有妖星焉，告邑姜也。邑姜，晉之妣也。天以七紀，戊
> 子逢公以登，星斯於是乎出，吾是以譏之。」

這段話記載裨竈根據妖星的出現，以預測晉君的命運，此爲典型的占星術。
又如：

> （昭公二十年）春，王二月，己丑，日南至。梓慎望氛，曰：「今茲
> 宋有亂，國幾亡，三年而後弭，蔡有大喪。」

魯國梓慎利用太陽從南邊上來，並觀察天空雲氣狀況，而預測宋國將亂，蔡
國有喪，也是占星術的明例。除裨竈、梓慎外，其他官名爲「史」的巫者也
多從事占星之事，如：

> （秋，七月）有星孛入于北斗。周內史叔服曰：「不出七年，宋、齊、
> 晉之君皆將死亂。」（《左傳》文公十四年）

> 十二月，辛亥朔，日有食之。是夜也，趙簡子夢童子羸而轉以歌。
> 旦，占諸史墨曰：「吾夢如是，今而日食，何也？」對曰：「六年及
> 此月也，吳其入郢乎？終亦弗克。」（《左傳》昭公三十一年）

> 春，隕石于宋五，隕星也；六鷁退飛過宋都，風也。周內史叔興聘
> 於宋，宋襄公問焉，曰：「是何祥也，吉凶焉在？」對曰：「今茲魯多
> 大喪；明年，齊有亂；君將得諸侯而不終。」（《左傳》僖公十六年）

《左傳》一書中有關此類以星象怪異狀況來預言人事吉凶禍福的記載甚多，
故《穀梁傳》序稱左氏「艷而富，其失也巫」。此外，《呂氏春秋·先識》記
晉太史屠黍見晉國混亂，曾暗示晉公天文怪異，日月星辰運行多不適當，晉
國將要亡國一事，也屬巫史占星的事例。

　　周代史官雖也兼行占星之事，然《周禮》另設有「馮相氏」及「保章氏」二種專管天文的職官，列於〈春官宗伯〉所載一系列的巫官中間，〔註15〕應可推知他們也是巫官，是由巫衍化而來的。《周禮》記載他們的職掌為：

> 馮相氏掌十有二歲，十有二月，十有二辰，十日、二十有八星之位，辨其序事，以會天位；冬夏致日，春秋致月，以辨四時之序。

> 保章氏掌天星，以志星辰日月之變動，以觀天下之遷，辨其吉凶，以星土辨九州之地，所封封域，皆有分星，以觀妖祥；以十有二歲之相，觀天下之妖祥。以五雲之物，辨吉凶水旱降豐荒之祲象；以十有二風，察天地之和，命乖別之妖祥。凡此五物者，以詔救政訪序事。

據此可知，馮相氏是掌管科學的天文曆法的研定制作事宜，保章氏則是負責占卜休咎的星象災異的事，尤其是後者，把星卜和曆法結合妖祥休咎，沿襲「傳天數」的遺風，較接近原始的巫者，就此一端，也可推知早期巫者是從事占星之術的。

　　戰國時期，兵革四起，占候星象以預知勝敗吉凶，在戰場上尤顯急迫需要。《史記‧天官書》記當時各國，「爭於攻取，兵革更起，城邑數屠，因以饑饉疾疫焦苦，臣主共憂患，其察禨祥、候星氣尤急」，在此種背景下，擅於占星望氣的巫史之流，自易獲得君王的寵信，而擁有較高的地位及利益。《墨子‧迎敵祠》描述準備抵抗敵人來攻時，通常先由巫者望氣，以預告勝敗吉凶，其辭云：

> 從（當作徙）外宅諸名大祠，靈巫或禱焉，給禱牲。凡望氣，有大將氣、有小將氣、有往氣、有來氣、（有勝氣）、有敗氣、能得明此者，可知成敗吉凶。舉巫醫卜，有所長，具藥，宮之，善為社。巫必近公社，必敬神之。巫卜以請（即情字）報守，守獨智（知）巫卜望氣之請而已。

此段記載對守將如何利用靈巫來望氣，並壟斷他所得的軍事情報，說得很清楚。所可注意者，巫必須接近公社並敬神，可能因巫卜望氣所得須稟告社神，成敗吉凶取決於神意的緣故。另外，《莊子‧天運》記載「巫咸」氏族中一位名為「䎂」的巫者的話說：

> 來，吾語汝。天有六極五常，帝王順之則治，逆之則凶。

〔註15〕〈春官宗伯〉所設「馮相氏」及「保章氏」，係列於「男巫」、「女巫」、「大史」、「小史」等巫官之後，而在「內史」、「外史」等巫官之前。

由此可知，巫者是明於天道的。其中「六極五常」一詞，唐代法師成玄英解釋爲：「六極，謂六合，四方上下也。五常，謂五行，金木水火土，人倫之常性也。」個人認爲，「五常」係指金、木、水、火及土星等五大行星，因它們運行有一定的常道，所以稱爲「五常」。古人相信，五星如有了變化，相應會使地上金、木、水、火及土等「五行」產生變化，再加上「陰」（月球）、「陽」（太陽）的盈虛消長，形成所謂「陰陽五行說」，這是占星術的基礎。是以《漢書·藝文志》載稱：

> 陰陽家者流，蓋出於羲和之官。敬順昊天，厤象日月星辰，敬授民時，此其所長也；及拘者爲之，則牽於禁忌，泥於小數，舍人事而任鬼神。

可見陰陽家之原始淵源爲掌管天象的巫卜之流，此一學派和巫覡確有極密切的關係。

古代典籍對於巫與星占關係的記載並不多見，然不能因此否認二者關係之密切。司馬遷在他的〈報任少卿書〉中說：「文史星曆，近乎卜祝之間」，顯見早期星象曆法，是由巫祝卜史來掌管的；又因巫者擅長卜筮，上古占星術實創始於巫覡，並由巫覡負責掌理。質言之，先秦時代，巫者對於天文學前身的「星占學」的創造與傳承，實有極大的貢獻。

第四節　巫與藝術

有關藝術起源的理論，一般來說，主要有：一、模擬說、二、遊戲說、三、勞動說及四、巫術說等四種，各說均有所據，各執一端，實際上，各說並非絕對互相排斥，而是自然統一的。因藝術的種類很多，性質又各殊異，各類藝術產生時代也不相同，故應非某一學說可以含容包納。然在原始時代，初民對存在於自身周圍的神祕的自然力無法理解，又覺察它威力無比，可以支配人類的命運；卻因生產工具的簡陋及武器的缺乏，無法與自然力對抗，於是由驚懼而變成向祂們妥協修好，甚至進一步祈求祂們的賜助和保護，於是舉行祭典，祈禱庇佑；而爲要將他們的願望表現出來，於是舞蹈、詩歌、音樂及戲劇等藝術便帶著實用的功能在祭壇下陸續產生了。

圖 32：新石器時代舞蹈紋彩陶盆

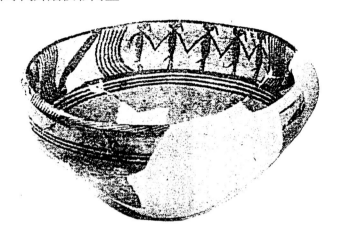

　　由此可知，如舞蹈之類的藝術，它們的起源多和原始宗教活動有著直接的關係。如 1973 年，在青海省大通縣上孫家寨墓地發掘出一個新石器時代的舞蹈紋彩陶盆（如圖 32），繪有五人一組，手拉手地跳舞花紋，而每人頭上都有斜著下垂的髮辮或飾物，臀部都拖了一個小尾巴似的飾物，大概是模擬鳥獸的裝扮，生動地描繪出《尚書·舜典》所謂「百獸率舞」的形象，應是狩獵生活的反映，這是目前所發現最古老的舞蹈形象。然他們並非歡樂地手拉著手集體唱歌跳舞，而是有著祭祀、祈禱或感恩的嚴肅意義；也就是說，這一原始舞蹈，是一種宗教的活動。再如《呂氏春秋·古樂》記載：

> 昔葛天氏之樂，三人操牛尾，投足以歌八闋：一曰載民，二曰玄鳥，
> 三曰遂草木，四曰奮五穀，五曰敬天常，六曰建帝功，七曰依地德，
> 八曰總禽獸之極。

姑不論這個傳說的真實性如何，但它所反映的是原始時代的歌舞狀況，依據所唱八章歌辭來看，都與祈禱祭祀有關連，如第一章，「載」者，始也，即歌頌人類的起源；第二章可能歌頌本氏族的圖騰，商人圖騰即是「玄鳥」；第三章祝禱草木生長茂盛；第四章希望五穀豐收；第五章向蒼天表示敬意；第六章歌頌天帝的功德；第七章感謝大地的賜予；第八章祈求禽鳥獸畜大量繁殖。由這個記載，至少可以得到兩點啟示：其一，原始歌舞絕非單純審美、娛樂或超功利的，一般都有實用意義，且多是宗教性的，有著巫術式的祝願；其二，原始歌舞是一種綜合性的藝術，包含有音樂和詩歌——也有道具、化裝、飾物，甚至紋身等，是原始藝術中最複雜的藝術。

又在西方，十九世紀末發現了一系列原始人的洞穴壁畫，他們爲什麼要在很深的洞窟中畫下動物形象呢？魯迅曾提出他的看法：

> 畫在西班牙亞勒太米拉洞裡的野牛，是有名的原始人的遺跡，許多藝術史家說，這正是「爲藝術而藝術」，原始人畫著玩的，但這解釋未免過於「摩登」，因爲原始人沒有十九世紀的文藝家那麼有閑，他的畫一只牛，是有緣故的，爲的是關於野牛，或者獵取野牛、禁咒野牛的事。〔註16〕

這種看法是正確的，原始人並非爲了單純的欣賞、娛樂而畫野牛，他們是在圖騰崇拜意識的支配下，爲了進行狩獵巫術儀式的需要而畫下動物形象，是依據「相似律」所行的模仿巫術，臆想在施展巫術進行狩獵的過程中，會使動物受到傷害，坐以待斃，爲人們獵捕食用。

總言之，藝術的起源雖有各種說法，但比較正式的、成型的藝術，恐多在進行宗教活動——即巫術禮儀中產生；模擬禽獸「活蹦亂跳」的「模擬說」、不帶「實用目的」的自由活動的「遊戲說」及「杭唷杭唷」的協力歌唱的「勞動說」等說法中的「藝術」，可能還稱不上眞正的「藝術」，惟有在進行巫術儀式之中，因有神祕莫測的自然力——神祇鬼靈等參與其中，有著嚴肅的意義，不得輕率，必敬愼其事，表現力求完美，從而比較可能產生各類眞正的「藝術」。

是以藝術的產生，原先是無意的，非爲藝術而藝術，而是爲了實用的目的，在進行宗教活動、施展巫術儀式的過程中，自然創作了各類藝術。所以巫術和藝術最初是混爲一體的，並未獨立或分化，隨著社會的進化，鬼神思想的衰落，藝術才逐漸從巫術的束縛下解脫開來。日人白川靜氏謂：

> 藝能的起源，多發源於古代的巫術和巫俗。……中國的歌謠及舞樂的起源，大體上亦可於巫祝的社會中追索之。〔註17〕

這也是主張藝術起源於「巫術」。由此可見，巫者在原始藝術的創作過程中，是佔著如何重要的地位。

藝術的種類極多，包括音樂、舞蹈、戲劇、文學、繪畫、雕刻及建築等等，當然不能籠統地說各類藝術均出自巫者的創造。以下擬就其中較主要的、與巫者關係較爲密切的舞蹈、戲劇與文學三項，就巫者與它們的產生及在先秦時代的發展狀況間的關係作一探討。

〔註16〕見《魯迅全集》第六卷第 69 頁，〈門外文談〉。

〔註17〕見白川靜原著，加地伸行、范月嬌合譯《中國古代文化》第六章，頁 148。

一、巫與舞蹈

　　在原始社會裡，歌舞藝術產生在專職的巫者出現之前，是一切宗教祭典的主要組成部分，在所有原始部落的生活中有著重大的意義與作用。後來，專門從事神事的巫者出現，以歌舞娛神的工作就成為他們的專業，凡巫者必擅長跳舞，後來遂把這種舞者稱之為「巫」。近人王國維氏云：「歌舞之興，其始於古之巫乎？」〔註18〕他認為中國的歌舞，起源於巫的成分最大。可見「巫」與「舞蹈」二者密不可分。

圖33：甲骨文「舞」字摹版（摹自《簠室殷契類纂正編》）

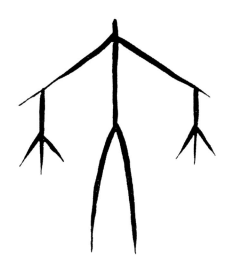

　　甲骨文「舞」字作「𣥺」或「𣥺」（如圖 33：係摹版及圖 34），象一個人持牛尾或鳥羽而舞蹈的樣子，小篆「巫」字實乃甲骨文「𣥺」字譌變衍化的結果。近人陳夢家氏對此種譌變過程曾作詳細的解析：

　　許氏說文既言巫「象人兩袖舞形」，則其字必象人形無疑，實乃卜辭之舞字。卜辭「舞」字作「𣥺」、「𣥺」，象人兩袖秉旄而舞，譌變而為小篆之巫：

$$𣥺 \rightarrow 𣥺 \rightarrow 𣥺 \rightarrow 𣥺 \rightarrow 𣥺 \rightarrow 巫 \rightarrow 巫$$

　　其所从之舞飾林譌而為𢆶，其所从之大譌而為工。金文舞字所从之大出頭一點，常與兩臂半交；而兩腳由銳角而鈍角，而至于無角。如陳公子甗無

〔註18〕見王國維著《宋元戲曲考》頁3。

字；至《說文》時代，巫字已由从大而爲从工。〔註19〕

這樣解說是不錯的，「巫」與「舞」同出一形，因其以舞蹈降神、娛神，故稱此舞者爲「巫」，稱他的動作爲「舞」，此於字形上見「巫」與「舞」的關係；再從字音上看，武丁卜辭的「舞」字作「無」，而「無」、「巫」同屬「虞」韻；又「巫」與「舞」兩字，都讀作「ｗｕ」，除了四聲不同外，讀音是相同的。依據訓詁學「音義同源」、「凡同聲多同義」的原則，「巫」與「舞」兩字不僅古音相同，其意義也相同。綜就形、音、義三方面來考察「巫」、「舞」二字，均足顯示其關係之密切。

圖34：甲骨文「舞」字

《鐵雲藏龜》120.3（左圖爲摹版）

《殷契粹編》第1313片甲（右圖）第1314片（左圖）

〔註19〕見陳夢家著〈商代的神話與巫術〉乙文，頁537，《燕京學報》第二十期。

　　巫者於巫術儀式中所跳的舞蹈，即是「巫舞」，它是巫術禮儀中主要組成部分。早期的巫舞，如《山海經・海外西經》記載：

　　　　形天與帝至此爭神，帝斷其首，葬之常羊之山，乃以乳爲目，以臍
　　　　爲口，操干戚以舞。

按「形天」即「斷首」之意，這種以乳爲目，以臍爲口的巫術舞蹈，可能是後世「肚皮舞」的濫觴。傳說中的夏禹，是一位大巫王，後人把巫覡作法的步態，稱爲「禹步」，依《抱朴子》內〈仙藥〉及〈登涉〉兩卷記載，禹步法很像今日民間舞中常見的「十字步」，據說有禁呪厭勝的功效。又商代成湯善於祝禱，也是一種巫術，曾因天久旱而禱雨於桑林，恐怕就在桑林這個地方以舞蹈祈雨，所以「桑林」也就成爲一有名的舞蹈名稱。而殷周時代「舞雩」本爲巫者的職事，《周禮・春官宗伯》記載「司巫」遇國家大旱時，則「帥巫而舞雩」。卜辭中頗多巫者求雨的紀錄，如：

　　　　乎（呼）多老舞──勿乎（呼）多老舞──王占曰：其虫雨。（《殷
　　　　虛書契前編》七・三五・二，如圖 35）

圖 35：甲骨文「多老舞」（摹自《殷虛書契前編》）

　　據史家考證，「多老」可能是巫師的名字，係占卜問神要不要叫巫師多老來跳舞求雨。殷人信奉鬼神，歌舞作樂之風頗盛，當時的人遂把那種「恆舞

于宮，酣歌于室」的風氣稱作「巫風」，見載於《尚書‧伊訓》。迄至周代，巫舞仍極盛行，《毛詩‧國風》陳譜注云：「大姬無子，好巫覡禱祈鬼神歌舞之樂，民俗化而爲之」，因陳國王后大姬愛好巫覡歌舞之樂，故各地巫歌巫舞風氣很盛，此可於《毛詩》中得其消息：

> 坎其擊鼓，宛丘之下；無冬無夏，值其鷺羽。

> 坎其擊缶，宛丘之道；無冬無夏，值其鷺翿。（〈陳風‧宛丘〉）

> 東門之枌，宛丘之栩；子仲之子，婆娑其下。（〈陳風‧東門之枌〉）

這是記載在鼓聲的伴奏下，一群手執鷺羽的舞人，在宛丘這個地方的樹下婆娑起舞的情況，這是陳國的巫舞。後來，陳爲楚所滅，楚國巫舞尤盛，當他們祭祀鬼神時，一定要請巫覡歌唱舞蹈，以娛鬼神。《楚辭‧九歌》即爲巫覡歌舞事神之歌，其中描繪靈巫的舞態，可謂畢露紙上，如：

> 靈偃蹇兮姣服，芳菲菲兮滿堂。（〈東皇太一〉）

> 靈連蜷兮既留，爛昭昭兮未央。（〈雲中君〉）

> 翾飛兮翠曾，展詩兮會舞，應律兮合節。（〈東君〉）

> 成禮兮會鼓，傳芭兮代舞。（〈禮魂〉）

按「偃蹇」爲巫者立、蹲、伸、傴的舞態，「連蜷」爲長曲的舞姿，「翾飛」爲猝然飛舞的情態。比較起來，〈九歌〉對巫舞態狀的描述已較《陳風》詳細深刻。

除了祭祀、求雨時，巫者以歌舞娛神、祈神外，一般在驅邪、治病的場合，巫者也多以舞蹈作法爲之，唯古代典籍對這方面的記載不多，前述《抱朴子》所載「禹步法」即屬此類。近人凌純聲氏對我國東北赫哲族的文化曾有專文論述，其中對赫哲薩滿舞蹈作法的情態有所描述，因其可能是古巫的遺留，當可幫助我們更深一層了解古巫作法時的舞步、動作與姿態，茲引述如下：

> 薩滿的全套神帽、神衣、神裙，就是他的舞衣。舞的動作，可分手、身、足三部，舞時手持鼓槌擊鼓，擊法與普通擊鼓不同，其鼓槌非直下，是斜擊鼓面。身部左右搖動，腰鈴隨之搖擺成聲。兩足分開立，同時左足較右足稍前，僅以足趾著地，身部擺三次，右足即進前一步，亦以足趾著地，身繼續擺動三次，左足又進一步。如此更迭，前進不已。〔註20〕

〔註20〕 見凌純聲著〈松花江下游的赫哲族〉乙文，頁 142～144，《國立中央研究院歷

此種舞步，並不複雜，較「禹步法」單純，然總和一般舞蹈不同。凌氏於文內並附有薩滿跳舞的情狀，如圖 36 爲正面，圖 37 爲背面；又薩滿持刀舞蹈，犬抵是驅邪用的，如圖 38 爲正面，圖 39 爲背面，〔註21〕併供參考。

圖36：薩滿跳舞之狀（前面）　　　圖37：薩滿跳舞之狀（背面）

圖38：薩滿刀舞之狀（前面）　　　圖39：薩滿刀舞之狀（背面）

據上所述，原始舞蹈可能自巫者參與後，才眞正藝術化；而上古舞蹈爲

史研究所單刊》甲種之十四，民國 23 年，南京。

〔註21〕此四圖錄自凌純聲著〈松花江下游的赫哲族〉乙文，頁 142～144，《國立中央研究院歷史研究所單刊》甲種之十四，民國 23 年，南京。

宗教祭典或巫術禮儀中的主要部分，負責此事者正為巫覡之流，故以歌舞降神、娛神並祈神，應為初期巫者主要職事；凡巫者必擅長歌舞，「巫」之制字即因「舞」而來；先秦時代「巫舞」曾盛極一時，其後代代相傳，至今遺風仍在，足證巫者對舞蹈的創作與發展，實居極關鍵的地位。

二、巫與戲劇

在原始舞蹈出現之時，戲劇尚未產生。然原始舞蹈通常就有表現事務內容的性質，如果使內容更加豐富一些，表現出一樁事件的簡單過程，就是最初的戲劇。〔註22〕

戲俗源自原始歌舞，初時二者頗難判然劃分，而較嚴格意義上的「戲劇」，應當出現在宗教禮儀活動中，是表演給諸神觀賞的，原作娛神之用，如今臺灣民間往往於諸神誕辰之日，在廟前廣場、馬路上演戲（如歌仔戲、布袋戲等）酬神，可能就是娛神古俗的遺留。如前所述，巫者對原始歌舞的創作與發展，扮演極重要的角色，而戲劇原附於歌舞，巫與戲劇的密切關係，實不言而喻；質言之，我國較為成型的戲劇也是始創於巫的。

初期的戲劇恐怕只是一些擬態的表演，原始人擬態的重要對象，就是那些整日與之周旋的動物，《尚書·舜典·益稷謨》所載：「擊石拊石，百獸率舞」，就是指初民裝扮成百獸模樣，應隨敲擊磬石的節拍而舞蹈的情況，此亦可在《呂氏春秋·古樂》找到佐證：「乃拊石擊石，以象上帝玉磬之音，以致舞百獸。」這恐怕是石器時代歌舞表演的記載；到了漁獵時代，因獸皮取得容易，可以想像初民必經常披著獸皮，模仿野獸的動作與呼聲，以接近野獸，進行捕捉，或造成錯覺，避免野獸攻擊，這種「擬獸化」的表演，實已具備戲劇的雛型。

戲劇的進一步發展，可以「儺」的這種民間驅鬼逐疫的儀式為代表。據《禮記·月令》、《淮南子·時則》及《呂氏春秋·季春·仲秋·季冬》等典籍記載，這種儺祭，一年要舉行三次，由宗教祭司主持。《周禮·夏官司馬》記載「方相氏」的形象及職務為：

> 方相氏掌蒙熊皮，黃金四目，玄衣朱裳，執戈揚盾，帥百隸而時難，
> 以索室毆疫。大喪，先匶；及墓，入壙，以戈擊四隅，毆方良。

「方相氏」即為專管驅邪逐疫的巫師。他頭戴假面，假面上有四只金光閃閃

〔註22〕參見林耀華主編《原始社會史》，頁431，北京，中華書局，1984年4月第一版。

的眼睛，相當威猛可怕，身上披著熊皮，又穿著玄黑的上衣，繫著朱紅的圍裙，一手執著長戈，一手揚起盾牌，率領著眾百徒隸，跳著激烈的舞蹈，口中頻呼「儺儺」之聲，進到屋內搜索鬼魅邪祟，毆擊疫癘，或至墳墓中向四方砍殺襲擊，驅逐魍魎。這種儺祭的整個過程，實堪稱得上是一齣戲劇。「儺祭」在古代極其普遍，《論語・鄉黨》及《禮記・郊特牲》等書均有「鄉人儺」的記載，從儺祭場面之盛大，可知古人信奉鬼神之深。方相氏披戴假面之演作，疑為後世「假面戲」的起源。

又「舞雩」為先秦女巫的職事，據《周禮・春官》記載，女巫遇國家旱暵時，便進行舞雩。《爾雅・釋訓》云：「舞，號雩也。」依此解釋，可見舞雩時也呼號。巫術行為原是一種情緒表演，表演時絕不只用身體四肢，必附帶著聲音，舞蹈必兼呼號，即歌必隨舞，舞必伴歌；舞為身體表情，號為音聲表情，二者相兼，渾成一體，即為戲劇的初型，此由「舞雩」以見「巫」與「戲劇」的關係。

另外，每逢節慶祭祀時，巫覡就裝扮成神靈，載歌載舞，本為娛神，後來也娛人。他們穿戴著華美的服飾，熏沐著芬芳的香料，手拿著五采繽紛的鮮花，輕盈飄逸，來去無蹤地唱歌跳舞，在《楚辭》中常可看到這樣的情景；不可忽視這些裝鬼弄神的巫覡之流，他們的裝扮，正標誌著戲劇美的進一步發展──已不是許多人渾然一體地模擬禽獸，而是有著專職的裝扮人物及其明確的裝扮對象，而扮演的成果也就具有被觀賞的地位，所以巫覡的祭歌─〈九歌〉實為一雛型的歌舞劇。近人王國維氏云：

> 楚辭之靈，殆以巫而兼尸之用者也。其詞謂巫曰靈，謂神亦曰靈，蓋群巫之中，必有象神之衣服、形貌、動作者，而視為神之所憑依，故謂之曰靈。……至於浴蘭沐芳，華衣若英，衣服之麗也；緩節安歌，竽瑟浩倡，歌舞之盛也；乘風載雲之詞，生別新知之語，荒淫之意也。是則靈之為職，或偃蹇以象神，或婆娑以樂神，蓋後世戲劇之萌芽，已有存焉者矣。〔註23〕

王氏認為《楚辭・九歌》所記群巫中有象神之衣服、形貌與動作者，亦為群巫婆娑起舞以娛樂神者──有觀賞者與被觀賞者，後代戲劇大概就在這種巫覡歌舞活動中萌芽產生。此一論斷，是正確的。在〈九歌〉中，有各種樂器，有跳舞，有歌辭，有佈景，有各樣登場的人物，場面熱鬧，已具備歌舞劇的

〔註23〕見王國維著《宋元戲曲考》，頁 4 及 5。

條件。而李師豐楙對〈九歌〉的戲劇性質有較深入的分析：

> 〈九歌〉既具儀式劇的宗教意識，而尚未進至於藝術性戲劇之型態，
> 換言之，其表演的愛情，仍爲巫術性儀式，而非完全審美的、詩化
> 的人神戀愛式的戲劇演出：至於演出時群眾亦非作距離性的觀賞，
> 而直接、間接參與宗教祭祀活動，故「觀者憺兮忘歸」、「傳芭兮代
> 舞」，均說明群眾在狂熱的宗教氣氛中，表現其宗教崇拜心理，或巫
> 術性信仰，……〔註24〕

〈九歌〉確爲巫術性的儀式劇，尚未完全爲審美的、藝術的戲劇演出；而演出時群眾也參與其間，沈浸於狂熱的宗教氣氛中，具有巫術感應及宗教儀式的作用；又扮演〈九歌〉諸神的主要演員爲男女巫覡。由此可見，初期的戲劇多和宗教巫術儀式有關，且由巫者負責主持，並參與演出，扮演相當關鍵的角色。

據《史記·滑稽列傳》記載，魏文侯時，鄴地有「河伯娶婦」的習俗，司馬遷生動地描繪巫者如何爲河伯挑選新娘、粉飾化裝及出嫁的經過：

> 當其時，巫行視小家女好者，云是當爲河伯婦，即娉取。洗沐之，
> 爲治新繒綺縠衣，閒居齋戒，爲治齋宮河上，張緹絳帷，女居其中。
> 爲具牛酒飯食，（行）十餘日。共粉飾之，如嫁女床席，令女居其上，
> 浮之河中。始浮，行數十里乃沒。

這是一種「水祭」的巫術活動，其中有人物、有對白、有化裝、有劇情，整個過程，就是一齣戲劇，一齣滑稽的戲劇，故太史公把它列在〈滑稽列傳〉中，而這齣戲劇係由巫者策劃導演，亦可窺見巫與戲劇關係之一斑。

隨著私有財產制度的發達，貴族階層在滿足生活之外需要娛樂，娛神的巫中有一部分演變爲娛人的俳優，《穀梁傳》卷十九記載：「頰谷之會，……罷會，齊人使優施舞於魯君之幕下」，即其明例。俳優是專職演員，眞正戲劇應始於此，此時是神道思想沒落，人道主義抬頭之時。從娛神的「巫」到娛人的「優」的過程，爲歷史的必然，是社會進化的結果。不難看出，巫者對我國古代戲劇的產生和發展確有極重要的貢獻。

三、巫與文學

　　文學起源於未有文字之前，而其最初的形式是口頭的詩歌，並常與音樂、

〔註24〕見李師豐楙著「屈原與楚辭」講義「五、〈九歌〉爲儀式劇」，頁42～43。

舞蹈合而為一。我國古籍每提到詩歌時，總是把詩、樂、舞三者合著來說明，
如：

> 人喜則斯陶，陶斯咏，咏斯猶，猶斯舞。（《禮記・檀弓》）

> 詩，言其志也；歌，詠其聲也；舞，動其容也。三者本於心，然後
> 樂器從之。（《禮記・樂記》）

詩歌與音樂、舞蹈三位一體，是合乎原始社會的狀況的。在論及我國文學和
音樂的起源時，一般學者常引到《淮南子・道應》裡的一段話，那就是：

> 今夫舉大木者，前呼邪許，後亦應之，此舉重勸力之歌也。

這段話在《呂氏春秋・淫辭》中也有相同的記載。主張藝術起源於「勞動說」
的學者往往把這種「杭唷杭唷」的勞動號子當作文學的起源；事實上，這種
有節奏的、既像詩歌又像語言的吶喊，不過為減輕工作負荷、忘卻勞苦罷了，
故是否由此進一步發展為最早的詩歌，仍不無商榷的餘地。畢竟原始勞動並
不是精神文化創作及施展的適當場合，在上古時代，包括文學在內的諸多藝
術的創造，只能產生於這樣的場合：在那裡，時間相對從容，空間相對穩定，
勞動不甚繁忙，思維容易展開，在荒遠的古代，唯有宗教活動具備了這樣一
些條件，也只有宗教活動稱得上是原始民族最高的文化活動，由此也才能產
生反映這最高文化和思想的原始文學。因為只有宗教活動──即文化活動能
夠使原始居民得到短暫的休息，緩解終日的勞累，因此，它既是體力勞動的
停頓，又是文化活動的開端，這正是原始文學得以開展的大好時機；也只有
在這樣的場合，人們才可能集中地、大量地向神傾訴自己的感情，也才能集
中地、大量地進行記憶、追述、祈求和贊頌。於是，這種宗教的朗誦，同時
就成為文學的朗誦；這種對神的創造，同時就成為對文學的創造。〔註25〕

　　質言之，較為定型的、堪稱作「文學」的文學，應當產生在宗教活動的
場合。而因上古社會缺乏精密的分工，負責主持宗教活動的一般多具有氏族
首領身分的巫師，所以原始宗教的巫師也就是原始文學的歌手。這些巫師，
是氏族原始文化的集大成人物，每逢節日慶典，他們往往在神聖肅穆的氣氛
下，吟唱本氏族的開天闢地創世史詩，或本氏族的遷徙史詩、英雄史詩等，
或者講述鬼神的神話、傳說及故事等，特別是他們能夠即興創作，配合儀式
需要，口念祈禱詩或咒語詩，以祈求神明降福，或詛咒驅逐邪祟。由此可見，

〔註25〕參見黃惠焜著〈祭壇就是文壇──論原始宗教與原始文學的關係〉乙文，頁
　　　　60，刊於《思想戰線》，1981 年第二期。

原始巫師在祭壇上所吟唱歌詩，原本為實用的，他們並不意識這是創作，但原始文學就在這種情況下產生了。顯然，古代祭壇也就是文壇。

　　沒有一部原始文學作品沒有神鬼的活動，今日所見早期的詩歌無不與宗教巫術有關，例如：《山海經‧大荒北經》載有驅逐旱神的咒語詩：

　　　　所欲逐之者，令曰：神北行！先除水道，決通溝瀆。

這是一首原始巫術咒語詩，是巫師在雩祭時所呼唱，表現出人們希望把旱魃驅回赤水以北去的心願，同時也告訴人們：要未雨綢繆，及早修河挖溝，做好防旱抗旱的準備。與此相類似的有如《禮記‧郊特牲》所載「蜡祝辭」云：

　　　　土反其宅，水歸其壑，昆蟲毋作，草木歸其澤。

這可能是一位農民巫師在對危害農作物生長的自然界所發的咒語詩，起源可能很早，反映著當時人們對於自然災害的恐懼心理。又如《呂氏春秋‧異用》記載：

　　　　從天墜者，從地出者，從四方來者，皆離吾網。

這是早期的狩獵咒語詩，帶有濃厚的巫術意味，可以看出原始初民是以十足自信的心情用語言去支配自然的，他們相信語言有控制和支配自然的魔力。咒語詩辭為巫者施術作法的項目之一，是降福驅邪的主要手段，最初恐怕只是單純表達念咒者的意願，並不帶巫術意味，後來見其曾產生某些效用，於是巫師便將它誇張，並神祕化，成為巫術的一部分，廣泛為巫者所使用，並一直流傳下來，即如現今民間仍極流行類似的呪語詩。〔註26〕

　　至於巫者在祭祀神祇或驅鬼治病時所吟念的祝禱詩詞，典籍記載尤多，《毛詩》中「美盛德之形容，以其成功告於神明」的「頌詩」，雖未明載為巫者所作，然為宗廟祭祀之詩則無疑義，如《周頌‧載芟》序云：「載芟，春籍田而祈社稷也」及《周頌‧良耜》序云：「良耜，秋報社稷也」等即明言此二詩為祭社稷之詩，恐怕是巫祝宗史之流所吟唱的。又《大戴禮記‧公符》記載周成王行冠禮時，周公曾使名為「祝雍」的巫祝祝禱成王，附有「孝昭冠辭」如下：

　　　　皇皇上天，照臨下土，集地之靈，降甘風雨，庶物群生，各得其所，

　　　　靡今靡古，維予一人某，敬拜皇天之祐。

────────────────

〔註26〕例如今日在漢族地區和受漢族影響的白族、彝族地區，都可以看見貼在路邊、牆上、柱上或樹上的紅紙條，上書：「天皇皇，地皇皇，我家有個夜哭郎，過路君子念一遍，一覺睡到大天亮。」這也是相信語言魔力能使「夜哭郎」不哭的咒語詩。（參見朱宜初著〈論原始巫及有關文藝〉乙文，頁58，刊於《民間文學論壇》1986年第六期。

> 薄薄之土，承天之神，興甘風雨，庶卉百穀，莫不茂者，既安且寧，
> 維予一人某，敬拜下土之靈。
> ……

這篇孝昭冠辭，是祭天、祭地及祭日的祝辭，《大戴經》本無此，疑後人所僞篡，大約也是巫祝之流所作的。又《尚書·金縢》記大巫周公爲武王禱病之辭：「惟爾元孫某，遘厲虐疾，……爾不許我，我乃屏璧與珪。」等一百二十九字即是典型祝辭。此外，《左傳》哀公二年記衛國太子蒯聵向其先祖禱告，結末「大命不敢請，佩玉不敢愛」二句與上述周公祝辭末端有相似之處，也是祝辭。另外，《荀子·大略》收錄有大概是後人所作的商代巫王成湯因久旱而禱雨之辭：

> 政不節與？使民疾與？何以不雨至斯極也！
> 宮室榮與？婦謁盛與？何以不雨至斯極也！
> 苞苴行與？讒夫興與？何以不雨至斯極也！

類此祝禱之詞，可謂不勝枚舉。現代民間巫醫在人爲驅邪治病時，也率多口中「念念有詞」，然外人難以知其所念究係何詞，也有可能有聲無義，或者無聲默念。

　　殷周時代，「巫」分化出「祝」來。《說文》解釋「祝」爲：「祭主贊詞者」，贊讀文辭以告神祈福，爲祝的主要職務。巫祝者流爲引起鬼神的注意，取悅鬼神，或感動鬼神，常須贊頌吟念最美的文辭，有如後代「哀祭文」莫不文情並茂，感人肺腑。《周禮·春官》記載「大祝」之職掌爲：

> 大祝掌六祝之辭，以事鬼神示，祈福祥，求永貞。……作六辭，以
> 通上下親疏遠近，一曰祠，二曰命，三曰誥，四曰會，五曰禱，六
> 曰誄。……

由此記載可知「大祝」所掌範圍至廣，並不限於祭祀時之贊辭而已，如「命」、「誥」、「會」等文辭即未必用於祭祀場合，如春秋時，諸侯朝覲會盟之辭，即多出自巫祝之手。近代學者劉師培氏曾作〈文學出於巫祝之官說〉乙文略謂：

> 蓋古代文詞，恆施於祈祀，故巫祝之職，文詞特工。今即周禮祝官職
> 掌考之，若六祝六祠之屬，文章各體，多出於斯。又頌以成功告神明，
> 銘以功烈揚先祖，亦與祠祀相聯。是則韻語之文，雖匪一體，綜其大
> 要，恆由祀體而生。欲考文章流別者，曷溯源於清廟之守乎？〔註27〕

〔註27〕見劉師培撰《劉申叔先生遺書》第二冊《左盦集》卷八，頁1519。

劉氏特別強調文學與祭祀的關係，認為古代各體文章，多出自巫祝之官，這是合乎古代社會狀況的。《說文》一篇上解釋「祠」字為：「春祭曰祠。品物少，多文辭也。从示司聲。‥‥」段玉裁注云：「辭與祠疊韻」，蓋「祠」从司聲，兼從文詞之「詞」得義，而古代祠祀之官，惟祝及巫，從「祠」之制字，可證古代文詞「恆施於祈祀」，文學與巫關係特別密切。

　　然巫者事神時，不論對神的歌頌，或有所禱告，其所用詞，務必美艷富麗，浪漫誇張，方能愉悅鬼神，博取同情，而達成目的，此為事實之所需要。例如《楚辭》之所以富艷浪漫，很顯然地受了巫的影響。由於戰國時代楚地巫風鼎盛，使〈離騷〉、〈九歌〉、〈天問〉及〈招魂〉諸詩篇都蘊藏了豐富的神話傳說，充滿了神詭譎怪的情調及舖張浪漫的色彩，也開闢了我國浪漫文學的先鋒。其中尤以〈九歌〉與巫關係特別密切，它是描繪巫覡以歌舞事神之詞。〈九歌〉中，或狀靈巫服飾之靡麗，或寫神靈車駕之隆盛，或敘祭祀樂舞之紛陳、供品之豐潔，無不絢爛賅備，光輝奪目，故巫覡事神之風，不只為文學的起源，也給文學創作極其豐富的素材。若無楚國尚巫的風氣，恐難產生如〈九歌〉般曼妙奇麗的詩篇。

　　除〈九歌〉外，《楚辭》中其他詩篇亦多與巫有關，如〈離騷〉被認為是屈原歌頌戰國末期楚國巫祝集團命運的文詞，日人白川靜氏認為：

　　被視為屈原所作的〈離騷〉及〈九歌〉係歌詠此楚巫沒落命運的作

　　品，特別是〈九歌〉十一篇是歌詠此集團被逐出楚都的郢地而浪跡

　　江南，終在湘水畔失其首領之事。〔註28〕

　　此種說法尚待商榷，但供參考而已；又如〈天問〉被認為是取材於書寫在楚墓壁間的神話傳說，這些神話傳說大約是靠當時唯一的知識分子—巫史之流傳承下來的；而〈招魂〉本為南方宗教性的招魂曲，由巫師邊唱邊動作。在〈招魂〉的詩篇中，負責招魂的巫師是巫陽，記錄他招魂的經過及所唱招魂詞，即成了〈招魂〉一詩。此外，〈卜居〉一篇也與巫者卜筮的傳統相關；而「『好修』與『遠遊』正是巫系文學的母題，也是道教形成前後遊仙文學的基型。」〔註29〕由此可證，《楚辭》堪稱是一部巫俗文學，它的產生和楚地巫風頗有關係；而與古巫關係密切的《莊子》及充滿高度浪漫想像的《楚辭》向被視為我國浪漫文學的鼻祖，故不妨說：中國浪漫文學是起源於巫的。

〔註28〕見白川靜原著，加地伸行、范月嬌合譯《中國古代文化》，頁146。
〔註29〕見李師豐楙著〈服飾、服食與巫俗傳統〉乙文，頁72，《古典文學》第三集。

　　這種情形也可從「神話」這方面來考察：被稱爲「文章之淵源」的神話，是原始巫教信仰的語言表現，神話反映在巫術中，或巫教信仰化身爲神話，顯示古代神話與原始宗教實爲一體，而執掌原始宗教大權的是巫師。巫師爲要在群眾中推行其巫術，博取人們崇信，常在祀神時公開演唱一些神話故事，可知上古巫者往往是形成和傳遞神話的主要人物。由於神話特別富於想像力，故而直接成爲浪漫文學的端緒，顯示浪漫文學的創始，巫者確居關鍵地位。後世魔法故事、神魔小說如《封神榜》及《西遊記》等多富有想像，充滿怪誕，也是受巫及巫術的影響。又如清代小說《鏡花緣》寫秀才唐敖遊歷海外，遍覽種種畸人奇俗，珍禽異獸，這些內容也可能多由巫書《山海經》所載的「遠國異人」脫胎而來的。

　　另外，古巫在進行卜筮占著後，往往將卜占的結果加以記錄，形成所謂的「卜辭」、「占辭」，如今發現數以萬計的甲骨卜辭即爲商巫占卜紀錄。「卜辭」進一步發展便是《易經》。近人劉大杰氏說：「我們不能說《易經》是一部迷信的卜筮書，就放棄了它在文學史上的價值，它實在是卜辭時代走到詩經時代的唯一橋樑。」〔註30〕爻辭中固已有許多有詩意的韻文，如：「屯如邅如，乘馬班如，匪寇，婚媾。」（「屯」六二）可見巫者卜占之辭（繇辭）也曾發展爲詩詞，爲巫系文學中的一支。

　　日人藤野岩友氏曾嘗試從文體形式的傳承關係建立其「巫系文學」的理論體系，對巫系文學的「宗教的原型」、「文學的成型」及「後代的影響」加以歸納成表（如附表），〔註31〕系統分明，頗值參考；然因上古文獻資料不足，各體文學間先後影響的關係不易釐析清楚，尚待詳愼考究。

〔註30〕見劉大杰著《中國文學發展史》第一章，頁10。
〔註31〕見藤野岩友著，增補《巫系文學論》文末附表，昭和14年1月20日，株氏會社大學書房發行。

表：日人藤野岩友氏作「巫系文學表」

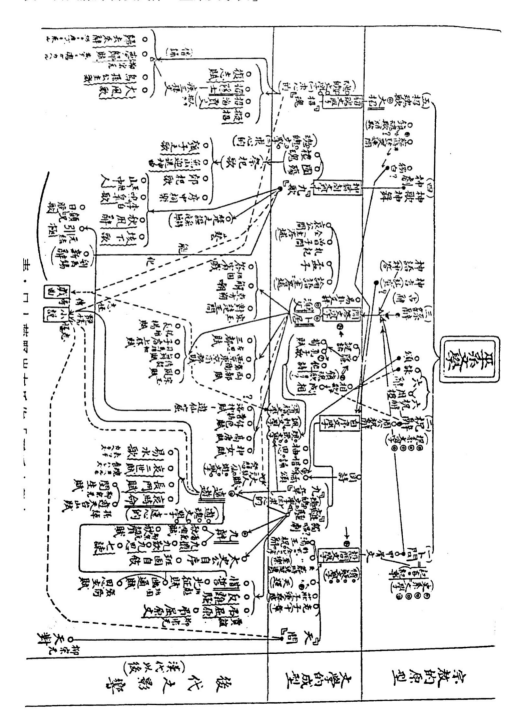

綜上所述，比較成型的文學應當產生在祭壇上，即古巫事神時所吟誦的
贊歌禱辭咒語；而中國古代的浪漫文學，大多受巫的影響和倡導。巫對古文
學的貢獻及對後代文學的影響是顯而易見的。

第五節　巫與學術思想

先秦學術思想，初是自古代宗教哲學中蛻化出來的；而形成古代宗教哲
學的人物，自然是巫史者流，巫為我國最早出現的哲學人物。

最初的文字，未必出自巫史之手，然巫史為當時主要的知識分子，很可
能由他們將「結繩」、「圖畫」等類輔助記憶的東西改易成文字的；尤以巫史
在進行卜筮後，須用文字記載卜筮的日期和結果，例如殷商卜辭即其明例；
而早期史官負責記事，也須使用文字，可見早期文字多掌握在巫史手中，學
術文化也就被他們壟斷。迄至周代，社會進化，掌人事、記史事的「史」職
益重，遂替奪「巫」而為學術思想之所薈萃。如《左傳》昭公十二年記楚靈
王稱美良史左史倚相「是能讀三墳五典八索九丘」，《周禮》記外史「掌書外
令，掌四方之志，掌三皇五帝之書」，皆史掌學術的例證；而巫史所撰作及保
存的簡冊，部分即成為後來經書的材料。清代章學誠在其所著《文史通義》「易
教上」說：「六經皆史也」，此一命題如果成立，因史為巫所衍化，實亦為巫，
故如改說：「六經皆巫也」，也是沒有什麼語病的。

經書的形成，與古代巫史者流關係密切，尤其是《易經》、《尚書》與《春
秋》、《詩經》等經。《易經》本為卜筮之書，由巫卜長期編纂而成；《尚書》
與《春秋》，一為記言，一為記事，均為巫史所記。《尚書》為上古之書，其
中最古的是〈洪範〉一篇，恐怕是明堂教學時代，由「巫」「瞽」或「史」底
暗誦而傳下的，開始時大約沒有九疇那麼多，然三疇或五疇是有的，〔註32〕
〈洪範〉與《易經》二書，為古代中華學術思想的代表文獻。《史記·孔子世
家》稱孔子「因史記作春秋」，大抵當時巫史所記零散，孔子乃加以整理編作；
唐韓愈《進學解》稱：「春秋謹嚴，左氏浮誇」，因《左傳》一書，不專記人
事，於天道、鬼神、災祥、夢兆及卜筮等事也多所記載，而此等鬼神禍福之
事，正是古巫的遺法，《左傳》即沿襲其遺法而具「艷而富」的特色而被批評
為「其失也巫」。至如《詩經》，周策縱氏認為：「六詩」（按即：風、雅、頌、

〔註32〕見本田成之著《中國經學史》第一章，頁26。

賦、比、興）可能與古巫有過密切關係；「風」體詩多為土風、風謠與情歌，凡巫風盛行的地方，多半產生這類風情詩；「頌」原象人持或對容量器而歌舞，以慶祝祈禱食物的豐富，並感謝或祈求天恩祖德；雅、頌體的詩，原來皆以舞蹈為主，雅詩後來更重視音樂，二者起源似亦皆與巫祝有密切關係。〔註33〕比較保守的看法是《詩經》中「頌」體詩，依《毛詩序》的說法，是「美盛德之形容，以其成功告於神明者」之詩，大率為祭祀天地先祖所用，為宗廟的歌詩，可能是巫祝之流所作，至少是他們在祭祀時所頌贊的，故此體詩和巫祝關係特別密切。至於《禮》、《樂》二經，相傳大巫周公制禮作樂，而《禮》經中頗多喪葬、祭祀及禁忌的記載，《樂》經和古巫舞樂傳統相關，顯示此二經也和巫祝有密切關係。綜依上述，代表我國古代學術思想的「六經」的形成，巫史之流實扮演極重要的角色。

清代龔定盦氏說：

> 周之世官，大者史，史之外，無有語言焉，史之外，無有文字焉，史之外，無人倫品目焉。……六經者，周史之大宗也。……諸子也者，周史之小宗也。〔註34〕

劉師培氏曾續就此說加以申述擴張，以為「六經」、「九流」、「術數方技之學」及「一切學術」咸均出自周代史官，〔註35〕此種說法當緣諸子之學是自六經而來，而「六經皆史」，故「諸子百家」自亦源出於古代巫史之官。

茲舉「十家九流」中主要的五家為例略加申說。《漢書‧藝文志》記載諸家起源，認為「道家」出於「史官」，此固不待言；「陰陽家」出於「羲和之官」，「羲和」本為大巫，為世掌天地四時之官；「墨家」出於「清廟之守」，「清廟」為清淨的祀廟，為巫祝活動的地方，又墨子曾學於史角之後；而「法家」的法，也掌於史官，《周禮‧春官》記大史「掌灋，以逆官府之治」，內史「掌王之八枋之灋，以詔王治」均可證明；至於「儒家」重要經典如《易經》、《尚書》及《春秋》、《詩經》等書，均出自巫史之手，已見前述。

漢志所載其他諸家，尤以天文、曆譜、五行、著龜、雜占、形法等數術暨醫方、房中、神僊等方技，尤明顯源自古代巫道。近人林履信氏說：

〔註33〕上述意見請參見周策縱著《古巫醫與『六詩』考》結論，頁276～278。
〔註34〕見龔定盦著《古史鉤沈論二》，載《龔定盦全集》頁99，世界書局出版。
〔註35〕見劉師培著《劉申叔先生遺書》中《左盦外集》卷八〈古學出於史官論〉乙文。

後世之學術，有專出於「巫」者，有專出於「史」者，有兼出於「巫」「史」者，因其所出不同，故其學亦有殊異。即如數術方技二略所錄，是爲純出於「巫」；道家、儒家、法家、縱橫家、農家、小說家，則純出於「史」；至兼出於「巫」「史」者，乃有陰陽家、墨家、兵家是也。〔註36〕

這種分法，大致是可信的，然諸家無論是出自巫或史，因「史」即「巫」，故先秦時代，凡百學術，可總括地說，都是源出於「巫」的，巫與先秦學術思想的關係於此可見。以下再舉與巫關係特別密切的經書中的《易經》及子書中的《莊子》二書爲例進一步申說之。

一、巫與《易經》

　　《易經》是一部具有濃厚神祕氣氛的巫學創作。在諸經中，它的地位原在《詩》、《書》之後，惟在漢時，被尊爲「五經之首」，因它是我國最早出現的哲學著作，在先秦學術思想史上占有重要的地位，對後代哲學史亦有極大的影響。然《易經》的成書與其所蘊含的哲學思想，則和古巫有相當密切的關係。

　　近人郭沫若氏稱：「《易經》全部就是一部宗教上的書，它是以魔術爲脊骨，而以迷信爲其全部的血肉的。」〔註37〕他特別強調《易經》的巫術特質，這是不錯的，《易經》本爲卜筮之書，是巫者占卜的紀錄，經由巫卜之流積年累月編纂而成的；到了戰國以後，儒家附作十翼，把卜筮的《易經》加以哲學化，成了當今的面貌。

　　《漢書‧藝文志》稱「易道深矣！人更三聖，世歷三古」，可見《易經》並非一人一時之作，而是經歷不同時期，經過多人之手編纂而成的。《周易‧說卦》云：

　　　昔者聖人之作易也，幽贊於神明而生著，參天兩地而倚數，觀變於陰陽而立卦，發揮於剛柔而生文。

這裡所說作《易》的「聖人」，指的應當是上古的「巫王」或「大巫」之類，可能因儒家不語怪力亂神，所以將涉及玄虛鬼神的古代巫王改以「聖人」名之，本有神聖之意。而「幽贊神明」、「參天兩地」及「陰陽」「剛柔」等無非

〔註36〕見林履信著〈『巫』與『史』之社會學的研究〉乙文，頁98，《社會科學論叢》
　　　　第四卷第七號。
〔註37〕見郭沫若著《中國古代社會》第一章第三節，頁45。

－125－

為卜筮之事，由此可知古聖王大巫集結了長期的卜筮紀錄，加以整理編纂便成了《易經》一書。《世本・作篇》及《呂氏春秋・勿躬》均稱「巫咸作筮」，這句話固然沒有確鑿證據，但卜筮為古代名巫所發明，並為巫者所專掌，則無疑義，這也可作為上述充作卜筮之用的《易經》為古代大巫所創的一個佐證。而《易經》究為何人何時所作，大抵已無法查考，正如卜筮係何巫於何時所發明一樣難以確知。前揭《說卦》稱作《易》者為古代聖人，即未予明指，《繫辭下》亦稱：「易之興也，其于中古乎？作易者，其有憂患乎？」「易之興也，其當殷之末世，周之盛德邪？」連作《繫辭》的作者對《易經》興起的時代也只能猜測而無確證，那裡還知道它的編者其人？

遠古時代民智未啓，對種種自然現象及人事變化茫無所知，聖人以神道設教，教人民於事前如何趨吉避禍，這是頂頂重要的事，是以「卜筮」在當時社會實為頭等重要的文化工作。而卜筮產生之初，其方法必極簡單，隨後為解說日益複雜的人事變化，遂逐漸繁複化，朱天順氏認為「筮占」是經過四個發展階段，最後才成為《易經》這種占法的。他說：

> 第一階段是用占得相當於━或━━的兆象來決疑，斷吉凶。……第二階段是把第一階段的占法，重複兩次做為兆象來定吉凶的階段。……第三階段是使用《周易》所不單獨採用的八卦圖進行占卜的階段，即少成之卦的階段。這種兆象的取得，要把第一階段的占法重複三次才能做到，因此就有記錄的必要了。……第四階段是八卦重疊為六十四卦以後的階段，即使用大成之卦來占卜的階段，這個階段大概距《周易》著作的時代不遠。〔註38〕

這種說法是符合進化原理的。可見早期的卜筮，並沒有什麼紀錄；後來為了需要，才用簡單的符號或圖畫加以記錄——這是《易經》的最早源頭；直到文字逐漸普遍使用後，卜筮紀錄才日益增多，並趨完備，殷商卜辭即是眾多卜筮紀錄的遺留。《易經》與卜辭關係密切，它們的體例和句法頗多相似之處，而它們的社會意義和本身性質又都是相同的，《易經》中部分卦爻辭係來自甲骨卜辭，故可以說，卜辭是《易經》的前身，將大量不成篇章的占卜紀錄加以整理，予以系統化，便成了《易經》這部書。

殷商時代，卜筮方式已極進步，商人又深信鬼神，就在大量的占卜基礎上，產生了數以萬計的「筮辭」——即鬼神給人們的指示，古人非常珍視這

〔註38〕見朱天順著《中國古代宗教初探》第五章，頁166～167。

些筮辭，都由巫官謹慎保存，如周代即有卜筮資料存檔的制度：《周禮・占人》記「凡卜筮，既事則繫幣以比其命，歲終則計其占之中否」，時間既久，筮辭累積愈多，巫卜之流爲了參考方便，便加以篩選編排，終於形成了《易經》的筮辭。《漢書・藝文志》所載「六藝略」有《易經》十二篇，即今本《周易》；惟「數術略」中「蓍龜」一類所錄另有《周易》三十八卷、《周易明堂》二十六卷、《周易隨曲射匿》五十卷、《大筮衍易》二十八卷、《大次雜易》三十卷等等；又據《太平御覽・學部》引桓譚說「〈連山〉八萬言，〈歸藏〉四千三百言」，可見古代筮辭之多，《周易》的筮辭不過其中一小部分而已。

　　《易經》的占卜形式，從八卦到六十四卦，以至三百八十四爻，除爲適應日益複雜社會的決疑需要外，巫卜之流爲本身地位與利益而予以專業化、複雜化，以便壟斷卜筮市場，也是一大因素。朱天順氏說：

　　　　易占這種占卜形式，從使用八卦發展到使用六十四卦進行占卜時，已成爲巫覡、卜史壟斷的專用工具，……至於進一步使用三百八十四爻進行占卜，並不是由於卜問範圍擴大，原有的六十四卦無法應付，而是由於巫覡、卜史想更牢固地壟斷易占，以抬高自己的地位。
　　　　〔註39〕

即如今日，市坊使用《易經》占卜算命之事，仍爲術士卜者所專斷，外人多無法窺其堂奧。

　　《周易》首見於《左傳》莊公二十二年中，也是用來占筮的：

　　　　周史有以《周易》見陳侯者，陳侯使筮之，遇觀 ☷☴ 之否 ☰☷。
　　　　曰：是謂觀國之光，利用賓于王，此其代陳有國乎？

這則記載，透露出春秋時代《周易》仍爲卜筮的著作，而由古巫所分化出來的「周史」典藏使用：《周禮》記載「筮人」掌「三易」，以辨九筮之名；又記載「大卜」掌「三易」之灋，一曰連山，二曰歸藏，三曰周易。此二則也載明《周易》只是周代巫官所掌的卜筮之法。正因它是一部卜筮的書，故獨免遭秦火，《漢書・藝文志》云：「及秦燔書，而易爲筮卜之事，傳者不絕。」《易經》固爲卜筮之書，但不能因而否定它內部所包含的哲學思想。

　　《周易》是具有卜筮形式和哲學內容的矛盾的統一體，它未脫離落後迷信的卜筮的形式，內容卻反映了原始樸素的宇宙觀。〈繫辭上〉即稱：

　　　　易有聖人之道四焉：以言者尚其辭，以動者尚其變，以制器者尚其

─────────────

〔註39〕見朱天順著《中國古代宗教初探》第五章，頁168。

象，以卜筮者尚其占。

此處的「變」即「變化」，有「陰陽消長」之意，〈繫辭上〉亦稱：「剛柔相推而生變化」，而《莊子‧天下》也說：「易以道陰陽」——此「陰陽」即《繫辭上》所載：「易有大極，是生兩儀，兩儀生四象」的「兩儀」，中國最初的哲學思想——「陰陽說」即是由此產生。而《周易》從卜筮的量變轉化成質變，成為哲學的著作，乃因社會進化，人與人及與自然間的相應的關係逐漸擴大，必然反映到人們的意識中，使卜筮內容不斷改變，減少荒誕的成分，而補充合理的成分的結果。然而《周易》的外貌，仍保持著卜筮的形式；《周易》的哲學，仍牢固地被卜筮的狹小筐子所束縛，只能在卜筮的形式所許可的範圍內，通過彎曲的道路，譯成卜筮的語言，隱約地表達出來。〔註40〕

據上所述，《易經》起源甚早，其淵源為古巫卜筮之紀錄，由巫卜之流長期累積編纂而成；其中對人事吉凶禍福的解釋，也包含著對物質世界的一些原始的樸素的辯證的見解，故它雖然含有宗教迷信成分，卻是我國最早的系統的哲學著作，因此影響後世極深，儒家、道家、陰陽家及方士、讖緯家等都是談《易經》的。

二、巫與《莊子》

莊子是戰國時代的大思想家。他的文章想像豐富，辭藻華麗，汪洋恣肆，氣勢縱橫，頗多「謬悠之說，荒唐之言，无端崖之辭」（《莊子‧天下》），這種作風，可能受了古巫浪漫傳統的影響；而他是宋人，為殷民族之後，又曾閱齊諧之書，聞列子之言，所以他的思想多以古代宗教、神話為基礎，而加以提昇轉化，形成獨特的哲學思想，即所謂「巫教文化」，恰為殷文化的子遺。

《莊子》一書，從表面看來，似與巫無大關連；古巫見於《莊子》一書凡二處；見於〈天運〉篇的「巫咸詔」是以解說天的六極（上下四方）五常（金木水火土），即日月風雲營運秩序性的哲人而出現；而見於〈應帝王〉篇的鄭國「季咸」，亦是知人生死存亡、禍福壽夭之理的神巫。這些可能暗示著莊子的形而上學已超出巫術傳統，建立在超越巫術之上，顯現出至人無為的智的優越性。〔註41〕〈天下〉篇所謂「獨與天地精神往來，而敖倪於萬物」、「上與造物者遊，而下與外死生，無終始者為友」之語，正可印證。

〔註40〕參見金景芳著《古史論集》，頁183～185，濟南，齊魯書社出版。
〔註41〕參見白川靜原著，加地伸行、范月嬌合譯《中國古代文化》第五章，頁130。

圖 40：西洋女巫師騎乘掃帚飛行圖（錄自 Peter Haining 原著‧湯完富譯《巫術
　　　今昔》頁 12）

　　莊子哲學，顯然受了列子的影響，〈應帝王〉篇記載：

　　鄭有神巫曰季咸，知人之死生存亡，禍福壽夭，期以歲月旬日，若
　　神。鄭人見之，皆棄而走，列子見之而心醉。歸，以告壺子曰：「始
　　吾以夫子之道為至矣，則又有至焉者矣！」

可見列子對神巫季咸是如何地崇拜醉心，因季咸無所不知，有如神明，在列子心目中，其地位甚至超過他的老師壺子。故列子本身具有濃厚巫者性格，莊子在〈逍遙遊〉篇稱「列子御風而行，泠然善也，旬有五日而後反」，巫師能飛翔的信念，很早就出現在巫術的神祕學中，列子因得風仙，故能乘風而行。外國的巫師亦有跨騎掃帚騰空飛行的故事，如圖 40，係一女巫騎著掃把飛行到夜間效忠大會之圖。可見早期的巫師，無論中外，均有飛行之說，後代騰雲駕霧，遨遊六合之外的神仙思想當源於此。然巫者昇天飛翔的神通，並非實際飛行，而是心齋坐忘狀態下的幻覺，此時神遊幻境，周流六虛。《莊子》書中即多描述此種乘雲遠遊的情境：

> 藐姑射之山，有神人居焉，肌膚若冰雪，綽約若處子，不食五穀，吸風飲露。乘雲氣，御飛龍，而遊乎四海之外。（〈逍遙遊〉）

> 至人神矣！……乘雲氣，騎日月，而遊乎四海之外。死生无變於己，而況利害之端乎？（〈齊物論〉）

> 予方將與造物者為人，厭，則又乘夫莽眇之鳥，以出六極之外。而遊无何有之鄉，以處壙垠之野。（〈應帝王〉）

> 出入六合，遊乎九州，獨往獨來，是謂獨有；獨有之人，是謂至貴。（〈在宥〉）

遠遊天地之間，〈德充符〉篇云：「彼且擇日登假」，「登假」、「登霞」為後世神仙昇天之語詞，《楚辭·遠遊》即有「載營魄而登霞兮，掩浮雲而上征」之語，《墨子·節葬下》對「登退」一詞適有詮釋：「秦之西有儀渠之國者，其親戚死，聚柴薪而焚之，燻上，謂之登退。」《莊子·天地》亦載：「天下有道，則與物皆昌；天下無道，則脩德就閒。千歲厭世，去而上僊；乘彼白雲，至於帝鄉」，「上僊」即「成僊」，是以神遊天上之神僊，為巫者幻覺狀態中的理想形象；[註42] 而上述「神人」、「至人」等，也是莊子心目中的理想偶像。又神僊遠遊，其漫遊六虛，極神遊之樂，而其昇天歷程，則必經由崑崙。巫覡宇宙觀以昇天儀禮，係經由樹木、梯橋等上達北極；中國神話則由崑崙昇於北辰（或紫辰、辰極）。崑崙為群巫上下之神山，為原始仙境說之所在。《莊子》數言「崑崙」：

> 堪坏得之，以襲崑崙。（〈大宗師〉）

〔註42〕參見李師豐楙著「莊子」講義第四講「莊子著成之文化背景」，頁20。

> 黃帝遊乎赤水之北，登乎崑崙之丘而南望。（〈天地〉）
>
> 支離叔與滑介叔觀於冥伯之丘，崑崙之虛，黃帝之所休。（〈至樂〉）
>
> 外不觀乎宇宙，內不知乎大初，是以不過乎崑崙，不遊乎太虛。（〈知北遊〉）

崑崙乃宗教性聖山，黃帝為一巫王，其登崑崙，即成僊之意。〔註43〕

　　莊子善於使用寓言手法，其所喻依之素材多基於巫覡傳說。原始宗教的巫者，其成立條件或由於先天徵候，或經由特殊訓練，均能集中精神，產生幻覺狀態，此即為「見神」。《列子‧黃帝》記載巫王黃帝「齋心服形，三月不親政事，晝寢而夢，遊於華胥之國」。「齋心」即巫者試煉過程，《莊子》數言之：

> 他日，復見曰：回益矣！曰：何謂也？曰：回坐忘矣！仲尼蹴然曰：何謂坐忘？顏回曰：墮肢體，黜聰明，離形去知，同於大通，此謂坐忘。（〈大宗師〉）
>
> 言未卒，齧缺睡寐。被衣大說，行歌而去之，曰：「形若槁骸，心若死灰，……」（〈知北遊〉）
>
> 墮爾形體，吐爾聰明，倫與物忘，大同乎涬溟，解心釋神，莫然無魂。……（〈在宥〉）

類此心齋坐忘，朝徹去知，均以達於出神狀態、恍惚狀態為其標幟，此種哲學家所謂「神祕主義」、「唯心主義」，實以巫者精神訓練術為其基型。〔註44〕

　　巫者經集中精神，進入幻覺狀態時，則於水火無感無覺，《莊子》數度描述「至人」、「眞人」、「神人」之狀態時，即多具此一神通：

> 至人神矣！大澤焚而不能熱，河漢沍而不能寒，疾雷破山（而不能傷），（飄）風振海而不能驚。（〈齊物論〉）
>
> 古之眞人，……登高不慄，入水不濡，入火不熱。（〈大宗師〉）
>
> 至人潛行不窒，蹈火不熱，行乎萬物之上而不慄。（〈達生〉）
>
> 至德者，火弗能熱，水弗能溺，寒暑弗能害，禽獸弗能賊。（〈秋水〉）

凡此均強調對水火之一無感覺，這些「至人」、「眞人」等，均有巫者性格與神能，應是古巫所轉化提昇的人物。《列子‧黃帝》小言黃帝神遊華胥之國，

〔註43〕參見李師豐楙著「莊子」講義第四講「莊子著成之文化背景」，頁20～21。
〔註44〕參見李師豐楙著「莊子」講義第四講「莊子著成之文化背景」，頁16～19。

入水不溺，入火不熱；《史記·五帝本紀》所載巫王舜帝登倉廩火燒不死，疑亦與此有關；又《呂氏春秋·至忠》記載戰國名醫文摯被齊王用鼎生烹，燒了三日三夜，顏色不變，亦類此不避水火，疑文摯爲一巫醫。故《山海經·大荒西經》云：「昆侖之丘，……其下有弱水之淵環之，其外有炎火之山。」先有此試煉，乃能登乎仙境，此爲巫者性格之一。〔註45〕

　　殘疾的人，易成爲巫，《荀子》王制篇有「傴巫跛擊」，又正論篇亦有「傴巫跛匡」；《呂氏春秋》明理篇則有「盲禿傴尪」；另《鶡冠子》環統篇記載：「積尪生趾，巫以爲師」；而《禮記》檀弓篇記載穆公所暴之「尪」及《左傳》僖公所焚之「尪」，實均爲殘廢的巫者。「傴巫」一詞疊韻連言，正見巫有傴僂之意。在《莊子》書中屢見奇形殘疾的人，如〈人間世〉云：「支離疏者，頤隱於臍，肩高於頂，會撮指天，五管在上，兩髀爲脅。」又〈大宗師〉記子輿「曲僂發背，上有五管，頤隱於齊，肩高於頂，句贅指天。」而〈德充符〉所載殘形的人尤多，如衛國惡人哀駘它，魯國兀者王駘、叔山无趾，餘如申徒嘉、甕瓷大癭、闉跂支離无脤等等均是，多以畸殘情狀命名，其形骸雖殘，然天德獨全，蓋以其修養精神，超乎形體之故。凡此均以傴巫跛尪爲其原型，實都具有巫者性格。

　　巫者之流，經由心齋坐忘之宗教性訓練，而能神遊太虛，上下聖山，交通神人。《莊子》一書，莊周本人及其後學均大量運用此一神話素材，以寓託其深奧的哲學思想。此即「古之道術有於是者，莊周聞其風而悅之」，其後學尤盛而道之；至於戰國末期，以迄秦漢之際，方士之流觀覽《莊子》，實即視爲神仙養生之祕笈。故原始巫教流衍後世，老莊一支，爲哲學道家（Philosophical Taoism）；至於方士道士一支，爲宗教道教（Religious Taoism），本出一源，關係極其密切。〔註46〕

　　綜上分析，已將古巫傳統加以提昇、予以哲學化的《莊子》一書，仍處處遺留巫者的影子；心齋坐忘，昇天神遊，水火不入的至人、眞人，肢體不全、超乎形骸的畸人等，或爲巫術傳統，或具巫者性格；而莊子哲學所具獨特的神祕主義色彩，明顯地是一種原始宗教的反影，是受古代巫道的啓發與影響的。由此可知，《莊子》與巫的關係是如何地密切。

〔註45〕見李師豐楙著「莊子」講義第四講「莊子著成之文化背景」，頁17～18。
〔註46〕見李師豐楙著「莊子」講義第四講「莊子著成之文化背景」，頁22。

第六章　結　論

　　透過本書對古巫所作系統性、全面性的考察，可以確定古代確有「巫」這麼一種人物；而漫長的原始社會，正是他們誕生和成長的搖籃；從民族學的觀點來看，在民族歷史長河的早期階段，如果沒有巫及巫術的存在，那才是眞正的稀奇怪誕，畢竟巫術是「童年」的人類最重要、也最喜愛的一種「遊戲」，同時又是那時候安定及安慰民心的主要活動。

　　根據考古資料顯示，巫師這一角色大約在舊石器時代的晚期就已經產生；而當時正是母系氏族社會初期，所以最早的巫師，可能就是那些女性氏族首領；在巫覡歷史中，女巫應是先於男巫的；又從陸續出土的原始時代的陶、石器及墓葬遺物，以至殷商甲骨卜辭暨早期有關文獻記載，在原始神權社會，實爲巫師的黃金時代，巫者活躍於包括政治舞台在內的人生大舞台之中。

　　最初領導原始人類從事宗教巫術活動的，是每一氏族首領；早期酋長，莫不有「巫王」意味，即英國人類學家弗雷澤爵士所謂的「巫覡猶王」；隨後，因政教事務過於繁複，於是有專職的巫者出現，專管宗教巫術業務，然氏族部落首領，仍掌有宗教大權，未失巫王身分，傳說中的黃帝、顓頊、堯、舜、禹等便都是兼巫的帝王。迄至殷代，民智稍啓，然巫風鼎盛，商王仍爲群巫之長，而《尚書・周書》所載「伊尹」、「伊陟」、「巫咸」、「巫賢」這些大巫則在王左右，相當於「宰相」職務，輔弼殷王實施神權統治，風行草偃，整個社會堪稱爲一巫術社會；進入周代，人文日益進化，神道思想衰落，巫者地位大不如前，然濱海的燕、齊及南方吳、越等國，巫者仍廣爲人所信仰，尤其是楚國巫風特盛，大約與其風土地理及歷史淵源有所關連，從漢墓所出

土的大量楚國文物——如馬王堆漢墓的「非衣」及信陽楚墓的「鎮墓獸」等，均可間接推知當時楚地巫俗甚為盛行。又因社會變遷，分工轉趨細密，於是巫者分化出「祝」、「宗」、「卜」、「史」及「工」等職，替奪古巫不少宗教事務；尤以戰國時代百家爭鳴，學術急劇變動，人本主義抬頭，反巫呼聲漸起，巫者從此絕跡於政治舞台，淪落民間，此為歷史之必然；然群眾信奉巫覡仍多，其在社會上仍有相當地位，此種狀況並一直延續到現在，惟已淪為「三教九流」中的「九流」〔註1〕之一。

　　早期巫師為一特殊行業，父子相傳，世代為巫，並以其職業——「巫」作為其氏，如同陶、卜、史諸氏一般，後來又有神選產生的巫者出現，而此類巫者，多是那些久病痊癒、大難不死、畸形殘缺及神經敏感等身心有特質的人。古巫為進行職事，通常在極為神祕的氣氛下施行一定的儀式活動，即所謂的「跳神活動」——以神經質的、迷幻狀態的異常精神，特異的語言音調，怪誕的姿態動作來扮演神的言語舉止。而巫覡行事時所穿戴神衣、神裙、神帽及神鞋等，均頗為特別，異於常服，形成其特殊詭異的形象，如〈九歌〉中所描述靈巫的服飾即頗華美而奇詭。又巫覡在施行巫術時，一般都使用各種道具，或降神、送神，或驅邪、殺鬼，作為甲骨文巫字的「十」，歷來學者解說紛紜，可能是古巫祭祀用的道具——玉器之類，而一般巫者常操持「鈴」、「劍」、「鏡」、「鼓」、「桃杖」、「甲骨」、「蓍草」，甚或「蛇」等道具來進行神事。巫覡所穿著之服飾及所使用之道具，均為巫術儀式中不可或缺的一部分。

　　十四到十七世紀，乃是歐洲的「獵巫時代」，最保守的估計，被燒死的巫師達二十萬至五十萬人，〔註2〕與之異曲同工的，我國商代有「焚巫」、周代有「暴巫」、「焚巫」等等大量滅巫史實，然總不能禁絕巫者及其活動。巫者何以活躍存在整個先秦社會？究其緣故，大抵因當時民智尚處於開發階段，加以武器及工具的粗糙落後，無法正確理解及有效支配自然，又感於自然力威猛無比，操縱著人生，初民於是認為人們一切行動，莫不有鬼神陰相，而巫覡能通鬼神，介乎人神之間，宣達神旨人情，角色自然重要。又早期巫覡，或為帝王，或為臣相，大抵為遂行其統治，均以神道設教，天下莫不信服，而其餘巫覡，其聰明智慧，亦足以鬼神來取信人民，役使大眾，一般民眾因

〔註1〕　世俗所謂「九流」係指：巫、卜、星、相、算、數、推、測、流等九種行業。
〔註2〕　見南方朔著〈西洋魔鬼大翻案〉，民國77年5月12日，台北，聯合報，第二十二版。

對於巫覡神能的錯覺及盲從的習慣，無形中塑造並鞏固巫覡的形象及其社會地位；尤以巫覡的職能極多，幾乎含括當時人類生活上的主要課題，如祈福求雨、卜筮解夢、醫病除災等，巫覡解決了此類生活問題，滿足人們殷切的需要，有其重要的社會功能，此為巫覡長久存在的主要原因。

　　早期巫師須具備聰明聖潔、知識與經驗豐富、記憶力強、口才極佳及能歌善舞等條件，這是基於他們祭祀、祈雨、卜筮、醫病等職事上的需要。又因長期的工作，所以他們對天文、地理、歷史、醫藥及鬼神等方面的知識懂得很多，構成了有系統的學問，為古代學術文化及思想的遙遠泉源。巫者扮演了近乎後世「知識分子」的角色，是最早出現的「文化人」。

　　顯然地，巫者與先秦文化關係至為密切，是創造及傳承我國古代文化的人物；然巫者原非刻意創造某種藝術技能，如「醫學」、「星占學」、「舞蹈」、「戲劇」及「文學」等等藝能，均係巫者於施術的過程中，在神壇或其他巫術儀式場合不經意地創造了它們。

　　巫者是原始時代宗教活動的主持人物，巫術是宗教的先聲，宗教是巫術的進一步提昇，兩者都涉及鬼神世界，都有信仰、儀式及神職人員，關係相當密切；普遍存在於任何原始社會、流行既廣且久的「巫教」，即是一種「準宗教」，具有宗教的功能；我國唯一本土的「道教」之所以充滿神祕的、巫術的色彩，不難看出其受古巫影響的程度，道教是淵源於古巫的。在上古時代，巫術並非不科學，而是一種「偽科學」，是後世科學的前驅，包括「醫藥學」、「天文學」、「生物學」及「化學」等在內的種種古代科學，實都由巫者發明並嬗遞下來。又原始的藝術不過都為鬼神服務，是宗教的藝術，也可以說是巫術的藝術，巫術與藝術競合，難予明確的劃分，比較早期的藝術，如「詩歌」、「音樂」、「舞蹈」和「戲劇」等原都是為取悅或感動鬼神的，自然由溝通人神的巫者負責策劃、表演。比較正式的、成型的藝術，多自巫術禮儀中產生，故古巫和藝術的形成有極大的關連，藝術起源於巫術的成分最大。此外，古代學在官府，巫史者流壟斷當時學術及教育，六經以前的學術著錄，大抵出自巫史之手。影響所及，包括經、史、諸子在內的凡百學術，無不源出於巫。例如古巫卜筮紀錄的《易經》，哲學化後仍處處殘留巫者的影像的《莊子》，出於古巫羲和、專講陰陽五行的「陰陽家」，均是其中的顯例；而《易經》為我國最早的哲學著作，「陰陽五行說」則是我國最初的哲學思想，於此可見巫與先秦學術思想關係的密切。

　　經由本書的研究，可以確知先秦巫者職能極多，並具各項特質，在先秦社會中扮演一重要的角色，又因其職業的特性與需要，故能創造及傳承我國古代文化。巫對先秦文化的貢獻至大，影響也極深遠，在我國古代文化史上具有一定的地位，且將不會因後世牽涉到不少所謂的「左道異端」、「鬼神迷信」而被抹煞的。

主要參考書目及資料

壹、四部類（以書名首字筆畫爲序）

一、經　類：

1. 《左傳》，十三經注疏本，臺北，藝文印書館，民國 71 年。
2. 《孟子》，十三經注疏本，臺北，藝文印書館，民國 71 年。
3. 《周易》，十三經注疏本，臺北，藝文印書館，民國 71 年。
4. 《周禮》，十三經注疏本，臺北，藝文印書館，民國 71 年。
5. 《尚書》，十三經注疏本，臺北，藝文印書館，民國 71 年。
6. 《詩經》，十三經注疏本，臺北，藝文印書館，民國 71 年。
7. 《儀禮》，十三經注疏本，臺北，藝文印書館，民國 71 年。
8. 《穀梁傳》，十三經注疏本，臺北，藝文印書館，民國 71 年。
9. 《論語》，十三經注疏本，臺北，藝文印書館，民國 71 年。
10. 《禮記》，十三經注疏本，臺北，藝文印書館，民國 71 年。

二、史　類：

11. 《古本竹書紀年輯證》，方詩銘、王修齡，臺北，華世出版社，民國 72 年。
12. 《史記》，司馬遷，臺北，啓業書局，民國 65 年。
13. 《國語》，（周）左丘明撰、（吳）韋昭注，臺北，漢京文化事業有限公司，民國 72 年。
14. 《越絕書》，（漢）袁康，〈微卷〉，明嘉靖間刻本。
15. 《楚史檮杌》，（元）吾衍，〈微卷〉，明成化間刻本。

16. 《漢書》,(漢)班固撰、(唐)顏師古注,臺北,啓業書局,民國 67 年。

17. 《戰國策》,(漢)劉向,臺南,大東書局,民國 56 年。

18. 《逸周書》,孔晁注,臺北,藝文印書館(未載出版年月)。

三、子　類:

19. 《新譯列子讀本》,莊萬壽註譯,臺北,三民書局,民國 74 年。

20. 《新譯荀子讀本》,王忠林註譯,臺北,三民書局,民國 74 年。

21. 《莊子集釋》,(清)郭慶藩輯,臺北,漢京文化事業有限公司,民國 72 年。

22. 《墨子閒詁》,(清)孫詒讓著、孫以楷點校,臺北,華正書局有限公司,民國 76 年。

23. 《韓非子集釋》,陳奇猷校注,臺北,華正書局有限公司,民國 71 年。

四、集　類:

24. 《山海經校注》,袁珂注,臺北,里仁書局,民國 71 年。

25. 《文心雕龍、詩品》,劉勰、鍾嶸,臺南,北一出版社,民國 63 年。

26. 《太平御覽》,臺北,台灣商務印書館,民國 63 年。

27. 《呂氏春秋今註今譯》,林品石註譯,臺北,台灣商務印書館,民國 74 年。

28. 《抱朴子》,葛洪,臺北,世界書局,民國 68 年。

29. 《昭明文選》,蕭統,臺南,北一出版社,民國 63 年。

30. 《春秋繁露今註今譯》,賴炎元註譯,臺北,台灣商務印書館,民國 73 年。

31. 《淮南鴻烈集解》,劉文典,臺北,文史哲出版社,民國七十四年。

32. 《新編古今事文類聚》,日本京都,中文出版社,1982 年。

33. 《新譯楚辭讀本》,傅錫壬註譯,臺北,三民書局,民國 65 年。

34. 《新序今註今譯》,盧元駿註譯,臺北,台灣商務印書館,民國 73 年。

35. 《說苑今註今譯》,盧元駿註譯,臺北,台灣商務印書館,民國 74 年。

36. 《論衡》,王充,臺北,宏業書局,民國 72 年。

37. 《韓詩外傳今註今譯》,賴炎元註譯,臺北,台灣商務印書館,民國 70 年。

貳、近人著作(以作者姓氏筆畫爲序)

一、文字學類:

38. 于省吾，《殷契駢枝》，臺北，藝文印書館，民國 60 年。

39. 朱芳圃，《甲骨學商史編》，香港，香港書店，民國 61 年。

40. 吳其昌，《殷虛書契解詁》，臺北，藝文印書館，民國 49 年。

41. 李孝定，《甲骨文字集釋第五》，臺北，中央研究院歷史語言研究所專刊之五十，民國 54 年。

42. 周法高主編，《金文詁林》，日本京都，株式會社中文出版社，1981 年 10 月。

43. 馬薇廎，《薇廎甲骨文原》，雲林，馬輔發行，民國 60 年。

44. 容庚撰集，《金文正續編合訂本》，臺北，聯貫出版社，民國 60 年。

45. 唐蘭，《中國文字學》，臺北，文光圖書公司，民國 67 年。

46. 許慎著、段玉裁注，《說文解字注》，臺北，黎明文化事業股份有限公司，民國 63 年。

47. 陳夢家，《殷虛卜辭綜述》，臺北，大通書局，民國 60 年。

48. 郭沫若，《殷契粹編》，北京，科學出版社，1965 年 5 月新一版。

49. 溫少峰、袁庭棟，《殷虛卜辭研究──科學技術篇》，四川，四川省社會科學院出版社，1983 年 12 月。

50. 葉玉森，《殷虛書契前編集釋》，臺北，藝文印書館，民國 55 年。

51. 董作賓編輯、嚴一萍摹釋，《殷虛文字外編》，臺北，藝文印書館，民國 45 年。

52. 羅振玉，《殷虛書契考釋》，臺北，藝文印書館，民國 64 年。

53. 羅振玉考釋，《殷虛文字類編》，臺北，文史哲出版社，民國 68 年。

54. 嚴一萍，《殷契徵毉》，臺北，自印本，民國 40 年。

55. 嚴一萍，《鐵雲藏龜新編》，臺北，藝文印書館，民國 64 年。

二、文化、民族、民俗、人類學類：

56. 王獻唐，《炎黃氏族文化考》，濟南，齊魯書社，1985 年 7 月。

57. 王世禎，《中國民情風俗搜奇》，臺北，武陵出版社，民國 75 年。

58. 宋光宇編譯，《人類學導論》，臺北，桂冠圖書公司，1984 年。

59. 李鍌、邱燮友、周何、應裕康編譯，《中國文化概論》，臺北，三民書局，民國 68 年。

60. 李亦園，《人類學與現代社會》，臺北，水牛圖書出版事業有限公司，民國 73 年。

61. 李亦園，《信仰與文化》，臺北，巨流圖書公司，民國 67 年。

62. 李紹明，《民族學》，四川，民族出版社，1986 年 1 月。

63. （南朝）宗懍著、（民國）譚麟譯註，《荊楚歲時記譯註》，湖北，湖北人民出版社，1985 年 2 月。

64. 林惠祥，《文化人類學》，臺北，台灣商務印書館，民國 55 年。

65. 孟世傑，《先秦文化史》，臺北，老古出版社，民國 67 年。

66. 韋政通，《中國文化概論》，臺北，水牛圖書出版事業有限公司，民國 72 年。

67. 張采亮，《中國風俗史》，臺北，台灣商務印書館，民國 61 年。

68. 烏丙安，《中國民俗學》，瀋陽，遼寧大學出版社，1985 年 8 月。

69. 梁釗韜、陳啓新、楊鶴書編著，《中國民族學概況》，昆明，雲南人民出版社，1985 年 5 月。

70. 陳安仁，《中國上古中古文化史》，臺北，華世出版社，民國 64 年。

71. 馮天瑜、周積明，《中國古文化的奧祕》，湖北，湖北人民出版社，1986 年 12 月。

72. 馮兆偉，《龍族文化源流》，臺北，希代書版公司，民國 73 年。

73. 溫世喬，《中國文化發展史》，臺中，洋洋出版社，民國 69 年。

74. 楊幼炯，《中國文化史》，臺北，台灣書局，民國 57 年。

75. 楊堃，《民族學概論》，北京，中國社會科學出版社，1984 年 7 月。

76. （漢）應劭撰、（民國）王利器注，《風俗通義校注》，臺北，漢京文化事業有限公司，民國 72 年。

77. 韓養民，《秦漢文化史》，臺北，里仁書局，民國 75 年。

78. 白川靜原著，加地伸行、范月嬌合譯，《中國古代文化》，臺北，文津出版社，民國 72 年。

三、史學類：

79. 尹達主編，《中國史學發展史》，河南，中州古籍出版社，1985 年 7 月。

80. 白壽彝，《中國史學史第一冊》，上海，上海人民出版社，1986 年 8 月。

81. 呂思勉，《中國通史》，上海，（未載出版社名），民國 28 年。

82. 杜耀西、黎家芳、宋兆麟，《中國原始社會史》，中國原始社會史，北京，文物出版社，1983 年 3 月。

83. 吳澤，《中國原始社會史》，桂林，桂林文化供應社，民國 32 年 3 月。

84. 李宗侗，《中國古代社會史》，臺北，華岡出版有限公司，民國 66 年。

85. 金景芳，《古史論集》，濟南，齊魯書社，1981 年 7 月。

86. 林耀華主編，《原始社會史》，北京，中華書局，1984 年 4 月。

87. 林泰成，《遠古史記》，臺北，佳慶文化事業有限公司，民國 74 年。

88. 姜蘊剛，《中國古代社會史》，臺北，華世出版社，民國 68 年。

89. 高國抗，《中國古代史學史概要》，廣州，廣東高等教育出版社，1985 年 8 月。

90. 席涵靜，《周代史官研究》，臺北，福記文化圖書有限公司，民國 72 年。

91. 張蔭麟，《中國史綱上古篇》，臺北，正中書局，民國 52 年。

92. 黃德馨，《楚國史話》，武昌，華中工學院出版社，1983 年 10 月。

93. 黃淑娉、程德祺、莊孔韶、王培英，《中國原始社會史話》，北京，北京出版社，1982 年 8 月。

94. 臺灣開明書店著作，《先秦史》，臺北，台灣開明書店，民國 66 年。

95. 齊思和，《中國史探研》，臺北，弘文館出版社，民國 74 年。

96. 劉節，《中國史學史稿》，河南，中州古書畫社，1982 年 12 月。

97. 潘英，《中國上古史新探》，臺北，明文書局，民國 74 年。

四、宗教神話類：

98. 王治心，《中國宗教思想史大綱》，臺北，中華書局，民國 49 年。

99. 朱天順，《中國古代宗教初探》，臺北，谷風出版社，1986 年。

100. 李師豐楙，《六朝隋唐仙道類小說研究》，臺北，台灣學生書局，民國 75 年 4 月。

101. 秋浦，《薩滿教研究》，上海，上海人民出版社，1985 年 5 月。

102. 卿希泰，《中國道教思想史綱第一卷》，成都，四川人民出版社，1980 年 9 月。

103. 袁珂，《中國神話傳說》，臺北，駱駝出版社，民國 76 年。

104. 許大同，《宗教學》，臺北，五洲出版社，民國 72 年。

105. 許地山，《道教史》，臺北，牧童出版社，民國 65 年。

106. 馮天瑜，《上古神話縱橫談》，上海，上海文藝出版社，1983 年 6 月。

107. 傅勤家，《中國道教史》，臺北，臺灣商務印書館，民國 69 年。

108. 釋聖嚴，《比較宗教學》，臺北，中華書局，民國 76 年。

五、天文、醫藥學類：

109. 中國天文學史整理研究小組天文史話編寫組編，《天文史話》，上海，上海科學技術出版社，1981 年 7 月。

110. 史仲序，《中國醫學史》，臺北，正中書局，民國 73 年。

111. 李潤海發行，《中國醫藥學家史話》，臺北，明文書局，民國 73 年。

112. 李潤海發行，《中國醫藥史話》，臺北，明文書局，民國 74 年。

113. 南京中醫學院醫經教研組編，《黃帝內經素問譯釋》，上海，上海科學技

術出版社，1959 年 6 月。

114. 陳遵嬀，《中國天文學史》，臺北，明文書局，民國 73 年。

115. 陳邦賢，《中國醫學史》，臺北，臺灣商務印書館，民國 58 年。

116. 鄭曼青、林品石，《中華醫藥學史》，臺北，臺灣商務印書館，民國 71 年。

六、舞蹈、音樂、戲劇類：

117. 于民，《春秋前審美觀念的發展》，北京，中華書局，1984 年 6 月。

118. 王克芬，《中國古代舞蹈史話》，北京，人民音樂出版社，1980 年 1 月。

119. 王國維，《宋元戲曲考》，臺北，藝文印書館，民國 63 年。

120. 田士林，《中國戲劇》，臺北，廣播月刊社，民國 72 年。

121. 余秋雨，《中國戲劇文化史述》，長沙，湖南人民出版社，1985 年 10 月。

122. 孟瑤，《中國戲曲史第一冊》，臺北，傳記文學出版社，民國 72 年。

123. 唐文標，《中國古代戲劇史初稿》，臺北，聯經出版事業公司，民國 73 年。

124. 孫景琛，《中國舞蹈史》，北京，文化藝術出版社，1983 年 10 月。

125. 常任俠等著，《中國舞蹈史初編三種》，臺北，蘭亭書局，民國 74 年。

126. 楊蔭瀏，《中國古代音樂史稿第一冊》，臺北，丹青圖書有限公司，民國 74 年。

127. 董每戡，《中國戲劇簡史》，臺中，藍燈文化事業公司，民國 76 年。

128. 鄧綏甯，《中國戲劇史》，臺北，中華文化出版事業委員會，民國 45 年。

129. 譚達先，《中國民間戲劇研究》，臺北，木鐸出版社，民國 73 年。

七、文學類：

130. 王忠林等八人，《增訂中國文學史初稿》，臺北，福記文化圖書有限公司，民國 72 年。

131. 朱光潛，《文藝心理學》，臺北，智揚出版社，民國 75 年。

132. 周樹人，《中國小說史略》，（未載出版事項）。

133. 郭預衡，《中國散文史上冊》，上海，古籍出版社，1986 年 5 月。

134. 聞一多，《神話與詩》，（未載出版事項）。

135. 鄒郎，《世界文學史（上）》，臺北，五南圖書出版公司，民國 74 年。

136. 劉大杰，《中國文學發展史（上卷）》，古文書局，（未載出版地及年月）。

137. 藤野岩友，《增補巫系文學論》，日本東京，株式會社大學書房，昭和四十四年。

八、古代社會學類：

138. 呂振羽，《史前期中國社會研究》，北京，生活、讀書、新知三聯書局，

1961 年 12 月。

139. 呂振羽，《般周時代的中國社會》，上海，不二書局，民國 25 年。

140. 呂光天，《北方民族原始社會形態研究》，銀川，寧夏人民出版社，1981年 2 月。

141. 陝西省西安半坡博物館編，《中國原始社會》，北京，文物出版社，1977年 2 月。

142. 徐旭生，《中國古史的傳說時代》，仲信出版社，（未載出版地及年月）。

143. 黃光賢，《周代社會辨析》，北京，北京人民出版社，1980 年 12 月。

144. 郭沫若，《中國古代社會研究》，上海，上海新新書店，1930 年 5 月。

145. 郭沫若，《青銅時代》，重慶，文治出版社，民國三十四年。

146. 郭寶鈞，《中國青銅器時代》，臺北，駱駝出版社，民國 76 年。

九、一般論著：

147. 王安石，《周官新義》，臺北，臺灣商務印書館，民國 45 年。

148. 王國維，《王國維先生全集初編（一）》，臺北，大通書局，民國 65 年。

149. 李師豐楙，《屈原與楚辭》，（教學講義）。

150. 李師豐楙，《莊子生平及其身分》，（教學講義）。

151. 李師豐楙，《不死的探求—抱朴子》，臺北，時報文化出版企業有限公司，民國 76 年。

152. 林富士，《漢代的巫者》，臺北，稻鄉出版社，民國 77 年。

153. 周策縱，《古巫醫與「六詩」考》，臺北，聯經出版事業公司，民國 75 年。

154. 胡適，《中國哲學史大綱卷上》，臺北，幼獅文化事業公司，民國 73 年。

155. 楊榮國，《中國古代思想史》，香港，生活、讀書、新知三聯書店，1962年 9 月。

156. 劉其偉，《原始藝術探究》，臺北，玉豐出版社，民國 66 年。

157. 劉師培，《劉申叔先生遺書》，臺北，華世出版社，民國 64 年。

158. 鄺士元，《中國學術思想史》，臺北，里仁書局，民國 70 年。

159. 顧銘堅，《秦漢的方士與儒生》，臺北，里仁書局，民國 74 年。

160. 本田成之，《中國經學史》，臺北，廣文書局，民國 68 年。

161. 加藤常賢，《中國古代文化の研究》，東京，二松學舍大學出版社，1980年。

162. 狩野直喜，《支那學文藪》，東京，株式會社みすず書房，1973 年 4 月。

163. Bronislaw Malinowski（馬凌諾斯基）著，朱岑樓譯，《巫術、科學與宗教》，臺北，協志工業叢書出版股份有限公司，民國 67 年。

164. Peter Haining 著，湯元富譯，《巫術今昔》，臺北，幼獅文化事業公司，民國 73 年。

十、其　他：

165. 王寒生，《中國考古史新考》，臺北，龍華出版社，民國 75 年。

166. 白川靜，《字統》，東京，株式會社平凡社，1984 年。

167. 弘文館出版社編輯部編，《馬王堆漢墓》，臺北，弘文館出版社，民國 74 年。

168. 華世出版社編訂，《中國歷史紀年表》，臺北，華世出版社，民國 67 年。

169. 錢鍾書，《管錐編第一、二冊》，臺北，蘭馨室書齋，（未載出版年月）。

170. 錢鍾書，《管錐編增訂》，（未載出版事項）。

參、近人專論（以作者姓氏筆畫爲序）

一、宗教類：

171. 王叔凱，〈古代北方草原諸游牧民族與薩滿〉，《世界教教研究》，1984 年第二期（總共十六期），北京，中國社會科學出版社。

172. 王錦繡，〈原始宗教觀念的發展及其表現形式〉，《思想戰線》，1985 年第二期（總共六十五期），雲南，人民出版社。

173. 王友三，〈我國原始自發宗教與早期人爲宗教淺議〉，南京，《南京大學學報》，1941 年第二期。

174. 白崇人，〈試論神話與原始宗教的關係〉，武昌，《中南民族學院學報季刊》，1981 年第二期。

175. 羊華榮，〈道教與巫教之爭〉，《宗教學研究》，1985 年 11 月第 1 期，四川，四川大學出版社。

176. 〈神仙三品說的原始及其衍變 ── 以六朝道教爲中心的考察〉，李師豐楙，臺北，《漢學論文集》第二集，民國 72 年。

177. 余敦康，〈中國原始宗教的演變〉，《世界宗教研究》，1981 年第四集（總六集），北京，中國社會科學出版社。

178. 何新，〈鍾馗考〉，收錄於何新著《諸神的起源》，北京，生活、讀書、新知三聯書局，1986 年 5 月。

179. 肖兵，〈論原始〈九歌〉和招風祈雨的關係〉，天津，《天津師院學報》，1980 年第六期（總三十三期）

180. 周慶基，〈人祭與人殉〉，《世界宗教研究》，1984 年第二期（總十六期），北京，中國社會科學出版社。

181. 卿希泰，〈道教產生的歷史條件和思想淵源〉，《世界宗教研究》，1980 年

第二集，北京，中國社會科學出版社。

182. 唐愻，〈楚巫遺風——湘中巫儺活動初探〉，《民間文學論壇》，1987 年第四期（總二十七期），北京，中國民間文藝出版社。

183. 唐明邦，〈論我國原始宗教與巫術科學的特點〉，《山海經新探》，1986 年 1 月，成都，四川省社會科學院出版社。

184. 張秉權，〈殷代的祭祀與巫術〉，《中國上古史待定稿》第二本，殷商編，臺北，中央研究院歷史語言研究所，民國 74 年。

185. 黃家騑，〈鄂倫春人的原始信仰與宗教〉，《民族學報》，1982 年 12 月（總二期），雲南省民族出版社。

186. 陳士強，〈殷周時期的神權及其特點〉，《復旦學報》，1980 年第五期，上海，上海人民出版社。

187. 萬九河，〈中國古代的宗教〉，長春，《東北師大學報》，1987 年第一期（總一○五期）。

188. 翟宗祝，〈試論宗教藝術〉，安徽，《安徽師大學報》，1983 年第二期。

189. 劉建國，〈關于薩滿教的幾個問題〉，《世界宗教研究》，1981 年第二集（總四集），北京，中國社會科學出版社。

190. 劉毓慶，〈〈九歌〉與殷商祭典〉，山西，《山西大學學報》，1985 年第二期（總二十八期）。

191. 謝劍，〈匈奴宗教信仰及其流變〉，臺北，《中央研究院歷史語言研究所集刊》第四十二本第四分，民國 60 年。

192. 蕭漢明，〈觀射父——春秋末期楚國宗教思想家〉，湖北，《江漢論壇》，1986 年第五期（總六十九期）。

193. 羅永麟，〈淺議神話與宗教的關係〉，《民間文藝季刊》，1986 年第二期（總十期），上海，文藝出版社。

二、文化、民俗、卜筮類：

194. 文崇一，〈楚文化研究〉，臺北，《中央研究院民族學研究所專刊》之十二，民國 56 年。

195. 白壽彝，〈民俗學和歷史學〉，《思想戰線》，1985 年第一期（總六十一期），雲南人民出版社。

196. 余永梁，〈易卦爻辭的時代及其作者〉，廣州，《中央研究院歷史語言研究所集刊》第一本第一分，民國 17 年。

197. 吳文章，〈楚辭與楚俗〉，《屈原研究論集》，湖北，長江文藝出版社，1984 年 5 月。

198. 何聯奎，〈龜的文化地位〉，臺北，《中央研究院民族學研究所集刊》第十六期，民國 52 年。

199. 李學勤，〈長沙楚帛書通論〉，《楚文化研究論集》第一集，湖北，荊楚書社，1987 年 1 月。

200. 屈萬里，〈易卦源於龜卜考〉，臺北，《中央研究院歷史語言研究所集刊》第二十七本，民國 45 年。

201. 張紫晨，〈《山海經》的民俗學價值〉，《思想戰線》，1984 年第四期，昆明，雲南人民出版社。

202. 許建軍，〈《周易》非卜筮之書論〉，長沙，《湖南師大學報》，1985 年第二期（總四十六期）。

203. 黃綱正，〈楚文化在湖南的發展歷程〉，《楚文化研究論集》第一集，湖北，荊楚書社，1987 年 1 月。

204. 劉寶才，〈《周易》筮辭的來歷〉，《中國古代史論叢》第八輯，福州，福建人民出版社，1983 年 12 月。

205. 饒宗頤，〈荊楚文化〉，臺北，《中央研究院歷史語言研究所集刊》第四十一本第二分，民國 58 年。

206. 龔維英，〈從〈九歌〉看巫楚文化〉，廣東，《華南師範大學學報》，1985 年第四期（總五十六期）。

207. 小山榮三，《民俗學》二卷一號──二卷六號，1930 年（第二冊），日本，東方文化書局複刊。

三、文學類：

208. 王人恩，〈說「靈」「巫」──讀《楚辭‧九歌》札記〉，甘肅，《西北師院學報》1984 年第二期。

209. 王錫三，〈試論屈原騷賦與楚族巫舞的關係〉，天津，《天津師大學報》，1984 年第三期（總五十四期）。

210. 朱宜初，〈論原始巫及有關文藝〉，《民間文學論壇》，1986 年第六期（總二十三期），北京，中國民間文藝出版社。

211. 李立，〈原始咒語詩的發展與消亡〉，《思想戰線》，1986 年第五期（總七十一期），雲南人民出版社。

212. 李子賢，〈試論創世史詩的特徵〉，《思想戰線》，1982 年第二期（總四十四期），雲南人民出版社。

213. 李延陵，〈關於〈九歌〉的商榷〉，天津，《天津師院學報》，1980 年第一期（總二十八期）。

214. 李淮芝，〈淺談《楚辭》的比興〉，湖北，《江漢論壇》，1984 年第六期（總四十六期）。

215. 馬學良、王堯，〈民族民間文學與宗教〉，《中國民俗學論文選》，北京，中國民間文藝出版社，1986 年 7 月。

216. 黃惠焜，〈祭壇就是文壇 — 論原始宗教與原始文學的關係〉，《思想戰線》，1981 年第二期（總三十八期），雲南人民出版社。

217. 陳盡忠，〈試論荊楚文化的特色及其與屈原詩歌的關係〉，廈門，《廈門大學學報》，1986 年第二期（總八十四期）。

218. 湯漳平，〈試論〈九歌〉的性質及成因〉，《中州學刊》，1982 年第五期（總十一期），河南，河南人民出版社。

219. 楊知勇，〈巫術與詩歌〉，《民間文學論壇》，1986 年第四期（總共二十一期），北京，中國民間文藝出版社。

220. 劉亞湖，〈論原始性史詩的成因〉，《民間文學論壇》，1987 年第六期，北京，中國民間文藝出版社。

221. 謝選駿，〈《周易》與民間文學〉，《民間文學論壇》，1984 年第三期（總十期），北京，中國民間文藝出版社。

222. 蕭兵，〈《楚辭》與原始社會史研究〉，《中國古代史》，1980 年第三十一期，北京，中國人民大學書報資料社。

223. 龔維英，〈〈九歌、山鬼〉探幽〉，《中州學刊》，1987 年第三期，河南，中州學刊社。

四、一般論文類：

224. 王恆餘，〈說祝〉，臺北，《中央研究院歷史語言研究所集刊》第三十二本，民國 50 年。

225. 王宇信，〈西周甲骨述論〉，《甲骨文與殷商史》第二輯，上海，古籍出版社，1986 年 6 月。

226. 王世舜、韓慕君，〈試論《周易》產生的年代〉，曲阜，《齊魯學刊》，1981 第二期（總四十一期）。

227. 丘其謙，〈布農族卡社群的巫術〉，臺北，《中央研究院民族學研究所集刊》第十七期，民國 53 年。

228. 史景成，〈山海經新證〉，《書目季刊》第三卷第一、二合刊，臺北，書目季刊社，民國 57 年。

229. 李師豐楙，〈服飾、服食與巫俗傳說〉，《古典文學》第三集，臺北，學生書局，民國 70 年。

230. 李師豐楙，〈山經靈異動物之研究〉，臺北，《中華學苑》第二十四、二十五期，民國 70 年。

231. 李師豐楙，〈不死的探求 —— 從變化神話到神仙變化傳說〉，臺北，《中外文學》第十五卷第五期，民國 75 年 10 月。

232. 李卉，〈說蠱毒與巫術〉，臺北，《中央研究院民族學研究所集刊》第九期，民國 49 年。

233. 李澤厚、劉綱紀主編，〈巫與美術〉，《中國美學史》第一卷，1984 年 7 月，北京，中國社會科學出版社。

234. 李仁澤，《山海經神話研究》，臺北，臺灣師大國文研究所碩士論文，民國 75 年。

235. 李宗侗，〈史官制度 — 附論對傳說之尊重〉，臺北，《中國上古史待定稿》第三本，民國 74 年。

236. 何觀洲，〈山海經在科學上之批判及作者之時代考〉，北平，《燕京學報》第七期，民國 25 年。

237. 宋和，〈台灣神媒的社會功能 — 一個醫藥人類學的探討〉，臺北，《台灣大學考古人類學研究所碩士論文》，民國 70 年。

238. 何新，〈史官演變考〉，收錄於何新著《諸神的起源》，北京，生活、讀書、新知三聯書店，1986 年 5 月。

239. 林履信，〈巫與史之社會學研究〉，《社會科學論叢》第四卷第七號，廣州，國立中山大學法科編，民國 22 年。

240. 查瑞珍，〈楚國興亡初探〉，南京，《南京大學學報》，1981 年第一期。

241. 胡淀咸，〈釋史〉，《古國古代史論叢》，1981 年第一輯，福州，福建人民出版社。

242. 凌純聲，〈松花江下游的赫哲族〉，南京，《中央研究院歷史語言研究所單刊》甲種之十四，民國 23 年。

243. 袁珂，〈《山海經》「蓋古之巫書」試探〉，《山海經新探》，1986 年 1 月，成都，四川省社會科學院出版社。

244. 翁銀陶，〈《山海經》產于楚地七證〉，湖北，《江漢論壇》，1984 第二期（總四十二期）。

245. 徐人仁，〈排灣族的巫師箱〉，臺北，《中央研究院民族學研究所集刊》第十四號，民國 51 年。

246. 張光直，〈中國遠古時代儀式生活的若干資料〉，臺北，《中央研究院民族學研究所集刊》第九期，民國 49 年。

247. 陳夢家，〈商代的神話與巫術〉，北平，《燕京學報》第二十期，民國 25 年 12 月。

248. 陳玉森、陳憲猷，〈先秦無《易經》論〉，廣州，《中山大學學報》，1986 年第一期（總九十八期）。

249. 裘錫圭，〈說卜辭的焚巫尪與作土龍〉，《甲骨文與殷商史》，上海，古籍出版社，1983 年 3 月。

250. 裴明相，〈楚人服飾考〉，《楚文化覓蹤》，河南，中州古籍出版社，1986 年 7 月。

251. 趙璞珊，〈《山海經》記載的藥物、疾病和巫醫 —— 兼論《山海經》的著作時代〉，《山海經新探》，1986 年 1 月，成都，四川省社會科學院出版社。

252. 劉志琴，〈中國歌舞探源〉，《學術月刊》，1980 年 10 月號（總一三七期），上海，上海人民出版社。

253. 劉鐵華，〈圖騰與藝術〉，開封，《河南大學學報》，1987 年第二期。

254. 龍亞珍，《山經祭儀初探》，臺北，政大中國文學研究所碩士論文，民國 77 年 6 月。

255. 謝忠正，《殷周至上神之信仰與祭祀》，臺北，臺灣師大國文研究所博士論文，民國 70 年。

256. 瞿兌之，〈釋巫〉，北平，《燕京學報》第七期，民國 19 年。

257. 蕭萐父，〈《周易》與早期陰陽家言〉，湖北，《江漢論壇》，1984 年第五期（總四十五期）。

258. 羅運環，〈論楚國家的形成〉，湖北，《江漢論壇》，1986 年第七期（總七十一期）。

259. 羅漫，〈女嬃爲巫三題〉，湖北，《江漢論壇》，1986 年第六期（總七十期）。

260. 謝康，〈中國古代巫術文化及其社會功能〉，臺北，《中華文化復興月刊》第九卷第一、二期，民國 65 年。

261. 龔維英，〈顓頊爲女性考〉，廣州，《華南師院學報》，1981 年第三期（總三十期）。

262. 加納喜光，〈中國古代における精神療法〉，東京，《中國 ─ 社會と文化》第一號，昭和 61 年。

263. 孫晋泰，〈支那の巫に就いて〉，日本，民俗學會編，《民族學》第二卷第四號，1930 年。